KB166455

교육독립선언

백 년을 생각하며 묻는다

교육독립선언

희망철학연구소 지음

ⓗ 현암사

교육독립선언

백 년을 생각하며 묻는다

초판 1쇄 발행 | 2017년 3월 30일

지은이 | 희망철학연구소
펴낸이 | 조미현

편집주간 | 김현림
책임편집 | 류현수
교정교열 | 이현미
디자인 | 임영수

펴낸곳 | (주)현암사
등록 | 1951년 12월 24일 제10-126호
주소 | 04029 서울시 마포구 동교로12안길 35
전화 | 02-365-5051   팩스 | 02-313-2729
전자우편 | editor@hyeonamsa.com
홈페이지 | www.hyeonamsa.com

ISBN 978-89-323-1844-8 (03370)

이 도서의 국립중앙도서관 출판예정도서목록(CIP)은
서지정보유통지원시스템 홈페이지(http://seoji.nl.go.kr)와
국가자료공동목록시스템(http://www.nl.go.kr/kolisnet)에서
이용하실 수 있습니다. (CIP제어번호 : CIP2017006066)

교육독립선언문

분단, 만성적 경제 불황, 노동구조의 기형, 정치-경제적 부패("내부자들"), 수도권 집중화, 비교육적 교육, 차별 등은 한국 사회를 옥죄는 심각한 갈등 요인이다. 이것들은 하나같이 사회 전체를 부식시킬 만큼 심각해 긴요한 극복이 필요하다. 우리는 정치, 경제, 종교, 사회, 교육 등 우리가 관여하는 다양한 영역이 비슷한 정도의 건전성 혹은 부패성을 드러내고 있음을 확인하고 있다. '문화 요소들의 평행성' 개념으로 집약될 수 있는 이 현상은 한 사회의 갈등 요인들을 동시적으로 해소하는 작업이 필요함을 알려준다. 교육의 문제 역시 어떤 갈등 요소의 해결 이후 건드려져야 하는 부차적인 것이 아니라 적어도 동시적으로 다뤄지고 해결책이 모색되어야 한다.

교육은 개인의 자아실현 의미에서만이 아니라 사회와 국가의 건강한 발전과 지속이라는 측면에서 본질적으로 중요하다. 교육이 이토록 중요한 공공재이기 때문에 권력자들은 교육을 자신의 수중에 넣으려는 유혹에 쉽게 빠진다. 하지만 우리 교육의 왜곡이 그런 유혹을 떨치지 못한 데서 비롯된 측면이 많다는 사실을 우리는 지난 역사적 경험들을 통해 확인할 수 있다. 사회의 근본적 변혁을 요구하는 이 시기에 교육 역시 근본적인 변화로 사회적 요구에 답해야 할 것이다. 그 답은 당연히 교육의 본래성에 기초해야 하며, 교육의 본질에 대한 통찰에서 시작해야 한다.

우리는 교육이 인간의 삶에서 가장 중요한 요소임을, 심지어 인간됨과 교육은 동등한 언어임을 천명한다. 인간됨은 인간으로 됨을, 교육은 인간으로 성장함을 의미하기 때문이다. 인간은 주어진 본성에 따라 살아가는 존재라기보다 스스로를 만들고 형성해가는 존재이며, 이런 '자기형성'을 교육이라 한다. 인간의 본질과 인간적 삶을 가장 직접적으로 표현하고 있다는 점에서 교육은 인간형성을 위한 한갓 수단이 아니라 그 자체로 목적이라고 할 수 있다.

우리는 인간적 삶에서 어떤 것의 수단이 아니라 목적 그 자체가 되는 것을 최고선이라 한다. 교육이 최고선이라면 교육은 정치권력이든 경제권력이든 어떠한 권력에 봉사하는 것에서 자유로워야 한다. 예컨대 교육의 목표를 경제적 기능인 양성에 두는 어떠한 시도도 거부해야 한다. 기능인으로서의 인간상은 인간의 자기실현이라는 궁극 목적에 기여할 때만 의미가 있다. 정치와 경제 영역이 궁극

적으로 교육, 즉 인간의 자기실현이라는 최고선의 관점에서 읽혀야
지, 그 역이어서는 안 된다.

이러한 문제의식에서 우리는 다음과 같이 요구한다.

1. 교육은 최고선으로 존중되어야 하고, 교육기구는 이에 걸맞은
   대우를 받아야 한다.
2. 교육은 (정부권력, 경제권력으로부터 자유로운) 독립적 기구에 의해
   관리되어야 한다.
3. 교육에는 금기 영역이 있어서는 안 되고, 교육자치위원회에서
   그 내용과 범위 등을 정해야 한다.
4. 교육은 현실비판을 수행할 수 있어야 하고, 미래를 대비할 수
   있도록 구성되어야 한다.
5. 교육을 통한 불평등의 심화와 인간적 삶의 불균형에 기여하는
   서열주의 교육정책은 반교육정책으로서 폐지되어야 한다.

희망철학연구소

2017 교육독립선언
백 년의 대한민국을 묻다

올봄 우리는 대한민국 역사에 길이 기록될 큰 사건을 경험했다. 지난 가을부터 계속되어온 촛불집회의 끈기와 열정은 끝내 현직 대통령 파면이라는 세계적으로 유례가 드문 결과를 이끌어냈다. 대통령의 측근 비리로 촉발된 권력 핵심의 부패와 적폐는 시민혁명으로 최고 권력자를 권좌에서 끌어내림으로써 전 세계에 한국 민주주의의 역동성과 발전을 보여주었다.

우리는 이 사건의 시작이 이화여대 학생들의 농성으로 촉발된 사실에 주목할 필요가 있다. '이대(梨大) 사태'는 대학의 재정 지원을 빌미로 구조조정과 순치(馴致) 작업을 진행해온 정부에 대한 교수와 학생들의 인내가 한계점에 이르렀음을 보여준 상징적 사건이었다. 교육계에서 불거진 박근혜 정부의 문제는 문화계와 경제계 등 사회 전반으로 확산되었고, 결국 대통령 탄핵을 불러왔다.

이제 '조기 대선'이라는 새로운 정치적 상황이 전개될 것이다. 보수와 진보, 노년과 청년, 가진 자와 가난한 자들의 갈등과 대립이 곳곳에서 터져 나오고, 선거운동이 진행되면서 이러한 혼란은 더욱더 늘어날 것이다. 사회가 뜨거운 열기와 혼돈으로 어지러울수록, 교육계와 교육에 관심 있는 사람들은 더욱 차분하고 냉정한 시선으로 우리가 어디로 나아가야 할지 고민해야 한다.

오늘 대한민국이 처한 갈등과 불신의 현실은 교육의 혼란이 적지 않은 원인을 제공해왔다. 만신창이가 된 한국 사회를 치유하고, 새로운 시대를 열어가기 위해선 무엇보다 교육의 혁신이 불가피하다. 우리가 어수선한 현 시국에서 대한민국의 교육 시스템에 대해 전면적인 반성과 검토를 모색하는 이유이다.

교육은 시민을 온전한 인격체로서 교양을 갖춘 책임 있는 주체로 양성하는 게 목적이다. 교육은 그 무엇보다 한 인간으로서 존엄성을 가지며 자신의 삶을 주체적으로 살아갈 수 있는 힘을 배양하는 데 그 목적이 주어져야 한다. 그런데 대한민국의 교육 현실은 어떠한가. 급변하는 세계에서 자신의 발전과 함께 세계시민으로서 책임을 다하는 역량 있는 인재를 양성하기는커녕 오히려 우리의 아이들을 죽음의 사지로 내몰고 있다. 우리는 오늘 새로운 교육 이슈를 주도적으로 이끌어가야 하는 시대적 과제를 위해 교육의 전면적 개혁과 혁신을 주장한다.

오늘날 우리의 교육 현장이 이처럼 황폐화된 근본 원인은 정권과 자본에 종속된 교육의 구조적 모순에 있다. 교육은 백년지대계(百年

之大計)이다. 교육은 정치권력의 변화에 따라 흔들려선 안 된다. 정권의 향방에 따라 교육정책이 이리저리 휘둘리고, 정권의 시각에 따라 교육 내용을 달리하는 한국 사회의 후진성은 이제 바뀌어야 한다. 시민혁명의 결과로 들어서게 될 새 정부에서는 권력과 자본으로부터 '교육'이 독립된 영역으로 재편되어야 한다.

교육부가 행정부에 종속된 형태로 운영되는 현 시스템에선 장기적인 교육정책의 수립이나 운영이 불가능하다. 우리는 지난 정부에서 국민 대다수의 반대를 무릅쓰고 강행한 '역사 교과서 국정화'라는 시대착오적 정책을 똑똑히 기억하고 있다. 정권에 따라 BK, HK, ACE, 프라임 사업 등으로 대학을 흔들고, 학생들을 입시 경쟁과 이기주의로 내모는 학교 교육 역시 마찬가지이다. 자치 교육감 선거와 지방 교육청 운영에서 확인할 수 있듯, 우리 시민사회는 이미 충분히 성숙한 의식과 운영 역량을 갖고 있다. 문제는 이를 뒷받침해줄 제도가 없다는 것이다. 핀란드나 교육 선진국의 교육 시스템을 부러워할 게 아니라, 이제는 우리 사회에 그러한 제도를 시행할 개혁방안을 진지하게 모색해야만 한다. 일상의 습관화된 판단에선 시대를 뒤집는 용기를 내기가 어려운 법이다. 교육부를 폐지하거나 행정부에서 독립시키고, 지역별 자치권을 강화하는 개혁안을 도입해야 할 것이다.

우리 시대의 교육은 통조림 공장에서 제품을 생산해내듯 학생들을 찍어내고, 교수나 교사들 역시 패키지 교육의 가이드로 전락해 있다. 속도와 편리함 속에서 포장된 쾌락을 추구하는 가운데 우리가 잃어버린 것은 '육성(育成)'을 필요로 하는 공간과 시간, 그리고 교육의 내용이다. 자본의 폭주를 대체하진 못하더라도, 최소한 교정하는 역할을 무엇이 할 수 있을 것인가. 교육의 전면적 복원 이외에 다른 대안은 없다. 이 책은 무한경쟁을 지향하는 교육에서 무한책임을 지향하는 우리 시대 교육의 독립을 선언하는 첫걸음이 될 것이다.

여기에서 희망철학연구소의 집필자들은 최고선으로서 교육의 가치, 새로운 연대를 위한 교육의 분권과 자치, 우정의 통일교육 등을 논하고 있다. 우리 사회에서 교육은 인간의 자기 소외와 파괴를 말할 정도로 괴물로 변해 있다. 교육이 최고선으로 간주되는 서구의 전통과 비교하면, 우리 사회의 교육은 정치와 경제, 욕망 충족을 위한 수단이 되어버렸다. 시급히 교육을 최고선으로 간주하는 결단과 그에 따른 제도적 장치를 만들 필요가 있다. 이를 위한 교육 기회의 평등과 전환, 교육의 분권과 자치는 그 무엇보다 중요한 과제이다. 교육이 특정 정권이나 자본의 논리로부터 벗어나 참다운 교육을 실현해나가기 위해선 독립이 전제되어야 한다. 교육의 독립 없이 학문은 있을 수 없고, 학문의 자율 없이 국가 경쟁력 또한 있을 수 없다. 4차 산업혁명이 화두로 떠오른 시대에 국가 주도의 역사 교과서로 논쟁을 벌이는 어이없는 사태는 이제 마감해야 한다. 이제는 먼 과거의 얘기가 되어버린 남북한 관계 정상화에 대한 논의도 다시 시작해야 할 것이다. 재개할 통일 교육의 목표는 평화를 지향하는 우정의 교육이 되어야 한다. 남북의 대중이 세계시민으로서 타자들의 특이성과 이질성을 배려하는 모습을 지닐 때 우정의 공동체가 비로

소 가능하다.

마사 누스바움은 "공공교육의 목적은 다른 사람의 경험을 상상할 수 있고 그들의 고통에 참여할 수 있는 능력을 계발하는 데 있다"고 말한 바 있다. 적절한 공감은 훌륭한 시민이 되기 위한 전제조건이다. 우리 사회에서 공감능력을 가르치는 일이 중요한 과제인 이유이다. 공감능력은 타인의 아픔과 고통을 자신의 체험으로 인식하는 힘이다. 부조리한 사회, 삶의 무게에 고통받는 동시대 사람들이 겪는 무게를 자신의 아픔으로 공감하고, 함께 아파할 수 있는 능력이다. 촛불집회에서 보였던 시민의 연대와 협동의 모습은 학교에서 행해지는 그 어떤 수업보다도 훌륭한 민주주의 교육이었다.

이제 우리의 교육은 전면적으로 바뀌어야 한다. 우리 교육의 목표는 사회적 책임을 배우고, 타인의 고통에 공감하는 시민의식을 가진 인간을 길러내는 것이다. 자본의 폭력성을 이해하고, 포스트 휴먼 시대에 교육의 과제를 깊이 생각해보아야 한다. 세계화와 신자유주의의 파고 속에서 교육개혁은 이제 국가의 운명을 좌우하는 중요한 화두가 되었다. 철학적 지혜는 마르크스의 말대로 세상을 해석하는 데 있지 않고, 세상을 바꾸는 것이다. 이제 교육혁명의 새로운 도전이 시작되었다. 교육의 독립과 자치, 철학에 기초한 교육개혁의 길에 다 함께 나서기를 권고한다.

2017년 봄
희망철학연구소 집필진 일동

차례

1. 교육은 최고선이다

 정대성 연세대학교 언어정보연구원 HK 연구 교수

교육은 우리 사회에서 정치나 경제만큼 뜨겁지는 않지만, 어떤 측면
에서는 이들보다 훨씬 더 광범위하고 예민한 반응을 불러일으키는
영역이다. IMF 이후 지난 20년간 한국 사회에서 정치의 퇴보와 경
제의 불확실성은 크게 증가했지만, 교육은 적어도 외형적으로 확장
을 거듭했고, 가장 안전한 투자처로 간주되었다. 이러한 사실은 교
육에 대한 우리 국민의 열의가 정치적, 경제적 파고에 별로 영향을
받지 않을 만큼 강하다는, 아니 교육을 통한 욕망 충족이 그 어느 것
보다 크다고 믿는다는 방증인 것 같다.

 이런 외적 성장과 교육에의 열의에도 불구하고 우리는 이 자리에
서 다시 '교육'을 말하려 한다. 왜냐하면 우리 사회에서 교육에 의

한 인간의 자기소외 내지 자기파괴를 말할 정도로 교육은 '괴물'로 변했으며, '교육의 독립'을 말할 정도로 정치권력과 경제권력에 예속되어 있기 때문이다. 교육이 정치와 경제로부터 독립해야 하는 이유는 무엇인가? 그리고 교육 본연의 길이 무엇이기에 우리는 현재의 교육을 '괴물'이라고 표현하는가? 자기실현의 직접적 표현으로 간주되어야 할 교육이 어쩌다 이 지경이 되었는가? 서양에서는 교육을 최고선으로 간주하는 오랜 전통이 있으며, 인간의 삶의 행위와 모든 규범이 이에 맞춰 제도화되기도 했다. 그러나 우리에겐 교육이 정치와 경제, 그리고 욕망 충족을 위한 한낱 수단 정도로만 간주되고 있다.

최고선이란?

서양의 전통에서 선(좋음, goodness)은 추구할 만한 가치가 있는 모든 것을 지칭하는 데 사용된다. 어떤 사람이나 물건이 특정한 과업이나 목표 등을 수행하는 데 탁월함을 보일 때 '좋은(선한)'이라는 형용사를 사용한다. 인간에 국한할 경우, 인간은 저마다 그것이 물질적인 것이든 정신적인 것이든, 자기에게 좋은 것을 추구한다. 그것들이 인간의 자기실현에 도움을 준다고 생각하기 때문이다. 돈이나 건강, 그리고 명예와 덕 등이 그런 좋은 것에 속한다.

인간이 그렇게 습득하고자 하는 것들 중 희소하여 특별한 방식의 분배를 요하는 것을 재화 혹은 사회적 재화(좋은 것들, goods)라고 부른다. 그런 재화에는 돈을 포함해 예술품이나 공직 등이 포함된다.

그런 좋은 것들 중에서 어떤 것은 한 개인에게 맡겨서는 안 된다고 생각해 공동의 소유로 두기도 한다. 그런 것을 공동선, 공공선 혹은 공공재라고 하는데, 예를 들어 왕궁과 같은 문화재나 철도시설이나 고속도로와 같은 기간시설들이 이에 해당한다. 그러한 공동선 중에서도 최고의 것을 일반적으로 국가라고 한다. 오늘날 국가를 지칭하는 말 중 하나인 '공화국(republic)'은 '공동의 재산', '공동의 것(res publica=commonwealth)'이라는 어원을 갖는다. 그것은 국가가 한 개인, 예컨대 군주의 것이 아니라 공동의 것임을 말하는 것이다. 그런데 우리나라는 그런 공화국 중에서도 '민주'공화국임을 천명하고 있다. 그것은 국가가 (고대 로마의 공화국에서처럼) 귀족이나 특정한 집단의 공동의 것(과두제)이 아니라 국민일반(demos=people)의 것임을 의미한다. 한국 사회의 혼란의 한 축은 한편으로 국가를 공동의 것, 즉 공화국이 아니라 한 사람의 것으로 생각하는 데서 오거나, 다른 한편 공화국을 인정한다 해도 그것이 국민 전체의 것(민주제)이 아니라 특정한 집단의 것으로 여긴다는 데 있는 것 같다. 예컨대 우리는 '재벌'공화국이나 '강남'공화국이라는 말에 별로 어색함을 느끼지 않는다.

그런데 정치공동체인 국가를 포함해서 이런 좋은 것들은 대체로 그 자체로 좋은 것이라기보다 어떤 다른 것, 특히 인간의 자기실현을 위한 수단으로서 좋은 것이다. 예컨대 돈은 소유자의 삶의 질을 높이기 위한 수단이지 그 자체로 목적이 되지 않는다. 돈 자체를 목적으로 사는 사람을 수전노라고 부르며, 이는 물신주의의 한 유형을 이룬다. 돈이 인간적 삶을 위한 수단으로 좋은 것이라면, 돈은 인간적 삶보다는 좋은 것이 아니다.

또한 국가도 그 자체로 목적이 아니라 더 높은 목표인 인간의 자기실현을 위한 수단으로 간주되어야 한다는 것이 현대국가이론의 일관된 주장이다. 국가를 그 자체 목적으로 삼는 것을 국가주의 혹은 전체주의라고 하는데, 그것은 국가 자체의 번영을 위해 그 구성원들의 삶을 통제할 수 있다는, 오늘날 서구에서 가장 경계하는 위험한 사상으로 분류된다. 어쨌거나 공동선을 포함한 그런 좋은 것들은 최고선이 아니다. 말하자면 좋은 것들은 모두 동등한 지위를 갖는 것이 아니라 최고선을 정점으로 하는 위계를 가질 수 있다.

그렇다면 최고선은 무엇인가? 철학자들은 좋은 것을 추구하는 인간의 행위를 정당화시키는, 즉 그 어떤 것의 수단이 되지 않고 그 자체로서 목적이 되는 '최고선(summum bonum)'을 일반적으로 '자기실현'에서 찾는다. 물론 자기실현의 내용은 철학자마다 다를 수 있다. 예를 들어 아리스토텔레스는 자기실현을 행복이라고 보았다. 그런 점에서 행복은 그에게서 최고선이다. 그는 이 최고선을 다음과 같이 추론한다. 우리가 특정한 직업이나 재화를 습득하고자 할 때는 그것을 왜 습득하려고 하는지 그 이유를 물을 수 있지만 "당신은 왜 행복하고자 합니까?"라고 묻는 것은 우문이라는 것이다. 그것은 최종적 물음이며, 그 근거를 다시 물을 수 없다는 점에서 최고선이다. 따라서 행복은 그에게서 인간의 모든 행위규범에 방향을 제시하는 최고선이며, 모든 행위규범은 행복의 실현에 방향을 맞춰야 한다. 세네카는 영혼의 자기조화를, 아우렐리우스는 자기만족(자족, autarike)을, 중세 기독교는 구원을, 종교개혁자들은 신에의 영광을 최고선으로 간주했다.

근대적 가치: 자유

하지만 근대 들어 최고선에 대한 전망과 사유가 확연하게 변한다. 특히 근대는 외적 권위에 의해 주어졌던 중세적 최고선에 대한 반발에서 시작되었다. 중세에는 개인이 권위에 순종함으로써만 최고선에 도달할 수 있다고 보았다. 그런 점에서 개인들은 스스로의 삶을 이끌어갈 능력이 있는 자들로 간주되지 않았다.

우리는 일반적으로 근대를 '인간 해방의 기획'이 수행된 시기로 표시한다. 18세기 계몽은 인간 해방의 기획을 특정한 방식으로 첨예화한 사유운동이다. 이마누엘 칸트는 "계몽을 인간에게 책임이 있는 미성숙함으로부터의 해방"이라고 말한다. 여기서 '인간에게 책임이 있는'이라는 말은 행위자 자신의 태도나 행위 여하에 따라 결과가 달라질 수 있는 사태를 지시하기 위함이고, '해방'이란 권위와 미신, 그리고 자연의 강제로부터 벗어남을 의미한다. 신분제에 대한 비판, 종교적 세계상으로부터의 해방과 세속화 과정, 과학의 발달에 의한 자연인식과 자연지배의 증가 등이 추구하는 목표다. 그런 점에서 계몽은 자유, 평등, 이성을 핵심 개념으로 삼으며, 자율적 인간, 스스로 사유하고 판단하는 인간상을 추구한다. 칸트는 계몽의 모토를 다음과 같이 말한다. "sapere aude!(자신의 지성을 사용할 용기를 가져라!)"

따라서 자유가 근대의 정신이 된 것, 더 나아가 자유를 최상의 가치로 여기는 자유주의(혹은 자유지상주의)가 근대에 등장하게 된 것은 우연이 아니다. 자유(自由)는 영어 liberty 혹은 freedom의 의미를 self-determination(자기결정, 자기규정)으로 정의하는 유럽인들의 언어용법을 참고해 일본인들이 '자기유래'라는 의미로 사용하기 위해 번역한 말이다. 즉 자유란 생각이나 행위가 타자에게서 유래하는 것이 아니라 자기 자신에게서 유래한다는 의미이다. 근대인은 자신의 삶의 주인이 자기가 속한 공동체나 가족이 아니라 자기 자신임을 천명하고자 했으며, 이러한 사실을 정치와 경제, 학문의 영역에 각인하고 제도화하고자 했다. 신분제에 기초한 봉건제도를 극복하고 정치에서의 민주주의, 경제에서의 자유시장경제, 학문의 자율 등을 제도화한 것은 이러한 생각을 구체화한 것이라 할 수 있다.

자유주의는 자유를 삶의 가장 중요한 가치로 여겨 그 어떤 가치보다 우월한 것으로 간주하는 특정한 사조이다. 그런데 자유주의는 자기규정으로서 자유의 의미를 '타자, 특히 국가의 간섭과 강제로부터의 해방'이라는 의미로, 즉 소극적(부정적) 자유로 이해했다. 간섭의 배제 혹은 강제 없음이라는 이러한 자유관은 어쩌면 삶의 모든 영역에서 간섭과 통제를 받았던 이전의 가부장적, 신분제적 질서에 대한 극단적 반작용일지도 모른다. 자유주의는 자유가 행복이나 선과 충돌할 때도 개인의 자유를 더 중시했는데(그래서 빵보다는 자유를 더 강조했다), 이러한 사실은 근대가 그 이전 시대와 얼마나 단절하고 싶어 했는지를 단적으로 보여준다.

그래서 자유주의는 국가가 선 혹은 행복에 대해 중립적 태도를 취해야 한다는 견해를 보인다. 국가가 특정한 선이나 도덕적 신념을 강요하는 것은 개인의 자유를 침해하는 것이며, 그러한 선은 개인이 스스로 선택할 수 있는 사적 영역에 두어야 한다는 것이다. 말하자면 자유주의자들은 자유를 간섭과 강제로부터의 자유로 이해함으로써 선(좋음)과 자유를 충돌하는 가치로 간주했으며, 국가체제란 그러한 자유를 보장하고 보호하는 체제여야지 특정한 선을 장려하기 위한 기관이어서는 안 된다고 한다. 자유주의자들이 국가의 복지체제를 개인의 삶에 대한 간섭으로 간주하고, 특정한 부류의 사람들의 자유를 침해하는 것으로 간주하는 이유가 바로 여기에 있다. 자유주의가 국가를 '최소국가'로, 말하자면 복지 등을 관장하는 '큰 국가'가 아니라 그저 치안 유지, 국방, 질서유지를 담당하는 기구 정도로 머물러야 한다고 주장하는 이유이다.

자유주의자들의 이러한 반응은 하나의 가치로 구성원 전체를 묶으려는 전통적 세계관에 대한 극단적 반작용에서 나왔다. 여기에는 다양성에 대한 강조, 자율적 개인들 상호 간의 경쟁을 통한 발전이라는 신념이 내재해 있다.

하지만 우리는 자유주의가 강력한 이데올로기로 작용하던 시기에 다양성보다는 획일성이, 경쟁을 통한 진보보다는 사회를 파멸로 이끌 만큼의 사회분열이 일어났음을 역사적으로 목격했다. 애덤 스미스는 자유주의 시장경제의 위대함을 과학적으로 설명함으로써 경제학을 하나의 학문의 영역으로 승격시켰다. 그의 경제학의 요지는 정부의 간섭이 오히려 시장의 활성화에 방해가 되고, 시장 참여자들의 자유로운 활동이 시장을 부흥시킨다는 것이었다. 그래서 일시적으로 시장이 뒤틀린 것처럼 보이는 상황에서도, 예컨대 거대한 태풍으로 생필품 가격이 급등하는 경우에도 정부는 시장에 개입하지 말 것을 주문한다. 생필품 가격이 급등하면 생산자와 판매자들이 늘어나 서로 경쟁하게 되고, 또 이 상품들을 운반하는 시설들을 빠르게 복구 혹은 확충함으로써 그전보다 개선된 환경과 상품을 생산할 수 있다는 것이다. 국가가 불행한 환경을 이용해 이윤을 취하는 자들을 악덕업자로 규정해 이들의 행위를 규제할 경우, 당장은 시장을 왜곡시키고, 장기적으로는 인간의 진보에 방해가 될 것이라는 것이다. 자유주의가 '보이지 않는 손'에 의한 시장의 자기조절능력을 말하는 이유는 여기에 있다.

그런데 애덤 스미스 이후 시장은 그가 예언한 대로 진행되지 않았다. 1776년 『국부론』이 나오고 서구사회가 그의 이론에 입각해 시장의 자유화가 빠르게 진행된 지 50년이 지나지 않아 서구사회는 혁명의 열기로 가득한 부자유 상태로 변해버렸다. 바로 그 시기에 등장한 헤겔(1770~1831)은 자유시장경제에 기초한 시민사회가 필연적으로 무권리와 부자유 상태로 되고, 천민의 양산으로 끝난다고 분석한다. 그리고 히틀러의 나치 시대에 활동한 아도르노와 호르크하이머는 자유를 지상 가치로 여긴 자유주의와 전체를 위해 자유와 권리의 포기를 강요한 전체주의가 쌍생아라고 분석한다. 그런데 이러한 결과에 도달한 이유는 부자유가 일상화된 당대의 현실에 대한 분석에 있었다. 이러한 사실은 이미 사회가 고전자유주자들의 예견대로 진행되지 않았음을 보여준다.

그리고 우리는 자유주의의 현대적 버전인 신자유주의가 세상을 어떠한 방식으로 황폐화시켰는지도 목도한다. 신자유주의는 시장의 원리가 경제 영역뿐 아니라 인간의 삶 전체 영역, 예컨대 보건과 교육 영역에도 적용되어야 한다는, 즉 시장경제를 넘어 '시장사회'를 지향한다는 점에서 고전적 자유주의보다 훨씬 더 급진적으로 소극적 자유를 옹호한다. 이제 경쟁과 유용성이라는 시장의 가치는 시장에서뿐 아니라 인간의 삶 전체 영역에서 원칙으로 작용해야 한다. 1980년 이후 지난 40여 년간 전 세계를 거의 단일 이념으로 지배한 이 신자유주의의 결과는 '1대 99 사회'라는 전대미문의 사회를 만들었으며, 자유로워야 할 시장은 경쟁과 효율성의 이름으로 인간의 생존을 염려해야 할 만큼 생존투쟁의 장으로 바뀌었다. 자유로운 행위의 장으로 상정된 시장은 사실 자본과 권력과 정보력, 그리고 뛰어난 두뇌를 가진 자들, 즉 극소수의 사람들이 승리하도록, 그리고 승자가 독식하도록 설계되어 있었음이 드러났다.

 자유를 최상의 가치로 여긴 자유지상주의의 결과가 이처럼 부자
유와 인간성 파괴로 끝난다면 우리는 근대의 위대한 발견인 자유를
포기해야 하는가? 우리는 자유에 대해 근본적으로 새롭게 통찰해
야 할 상황에 놓여 있다. 만약 자유가 간섭이나 강제로부터의 해방
(freedom from), 즉 소극적 자유만을 의미하는 것이 아니라 자기를 형
성할 자유(freedom for), 즉 적극적 자유 혹은 자기 형성적 자유를 의미
할 수도 있다면 사정은 달라질 수 있다. 자유는 자기규정, 자기유래
를 뜻한다. 자신의 사유와 행위의 근거가 자기 자신에게 있다는 말
이다. 그렇다면 그것은 자기를 스스로 만들어 간다는 의미, 즉 자기
실현이라는 말과 더 친화적이다. 말하자면 "우리는 왜 간섭받지 말
아야 하는가?"라는 물음에 "자기 스스로를 형성하기 위해"라고 답
할 수 있다. 즉 소극적 자유는 자기 형성적 자유의 조건으로, 적극적
자유를 위한 수단으로 간주될 수 있다는 것이다. 자유주의자들이 소
극적 자유를 말함으로써 자유를 자기실현 혹은 선과 의도적으로 결
별시켰다면, 그런 자유 개념의 황폐화를 본 지금 우리는 자유의 본
래적 의미, 즉 자기실현으로서의 자유의 의미를 회복할 때가 되었
다. 실제로 공리주의자인 존 스튜어트 밀은 자유가 일시적으로 선
과 대립하는 것으로 보일지라도 궁극적으로는 인간성 신장에 결정
적으로 기여한다는 점을 증명함으로써, 즉 자유를 행복을 위한 가장
중요한 토대라고 봄으로써 자유와 행복, 자유와 선을 결합시켰다.

이제 우리는 계몽의 인간 해방의 기획을 소극적 의미에서만이 아니라 적극적 의미에서도 볼 수 있는 눈을 가지고 있다. 아니, 오히려 자유의 소극적 의미(간섭받지 않을 자유)는 자유의 적극적 의미(자기를 형성할 자유)를 위한 계기로 받아들일 수 있으며, 바로 그런 점에서 자기실현으로서의 선이 자유와 엄격하게 구별되어야 할 이유를 찾을 수 없다.

자기실현의 직접적 표현으로서의 교육

사실 이러한 생각을 구체화한 최초의 집단은 19세기의 낭만주의자들이다. 이들은 계몽과 자유주의의 이성 중심적 사유와 소극적 자유의 폐해를 인식하고 지정의(知情意)가 통합된 인간, 자기를 스스로 형성해가는 존재로서의 인간 개념을 발전시켰다. 일반적으로 도야, 교양, 형성 등으로 번역되는 독일어 '빌둥(Bildung)'이 낭만주의의 핵심 개념이 된 이유는 바로 여기에 있다. 이 말은 교육이라는 의미로도 번역되는데, 독일어 빌둥스시스템(Bildungssystem)은 각급 학교제도를 포함한 교육제도 일반을 지칭한다. 따라서 유럽적 사고에서 교육은 일차적으로 자기형성과 동의어이며, 교육제도는 자기형성을 위한 가장 직접적인 제도이다. 말하자면 교육제도는 피교육자를 마치 공장에서 상품을 찍어내듯이 획일적으로 재단하는 것이 아니라 그들로 하여금 스스로를 형성할 수 있도록 도와주는 것이다.

인간은 자신이 선택하지 않은, 그저 자신 앞에, 자신 안에 주어진 자연에 순종하는 존재, 자연의 법칙에 본능적으로 순응하는 존재가 아니라, 자기 자신을 스스로 형성하는 존재라는 것이 '빌둥'의 개념에 포함되어 있다. 인간(man)이 인간(human)인 이유는 주어진 법칙대로 사는 동물과 달리 자신을 꾸준히 형성하고 만들어가기 때문이다. 그런 점에서 인간의 본질은 순응과 적응에 있는 것이 아니라 스스로를 만들어가는 것, Bildung, 즉 교육에 있다.

예컨대 낭만주의로부터 많은 영향을 받은 현대 실존주의 철학자 사르트르는 인간에게서 "실존이 본질에 앞선다"는 아주 유명한 말을 했는데, 이 말은 인간에게는 실현해야 할 특정한 본질이 있는 것이 아니라 인간은 현재를 꾸준히 넘어서는 존재(Ex-istence, 실존은 어원적으로 '현재를 벗어남'을 뜻한다. 그것은 일종의 초월을 의미한다), 스스로를 만들어가는 존재임을 천명하기 위한 것이다. 이것은 다시 '인간의 본질은 특정한 본질이 없다는 것'이라는 역설적 표현으로 옮겨 쓸 수 있는데, 이 표현은 인간이 자기형성적 존재임을 강조한다. 이는 한 인간이 스스로를 만들어나가지 않는 한 그는 더 이상 인간일 수 없다는 말을 포함한다. 바로 이런 점에서 인간의 자기형성, 즉 교육은 그 자체로 궁극적 목적이며, 따라서 최고선이라 할 수 있다. 그리고 교육이 최고선이라고 한다면 정치적인 것, 경제적인 것 등 여타의 모든 좋은 것들이 이 최고선을 중심으로 체계화되어야 한다는 것을 함의한다. 자기형성, 즉 교육이 인간의 자기실현을 위한 수단이 아니라 인간의 자기실현 그 자체를 의미한다는 점에서 교육은 최고선이라 할 수 있다. 교육제도는 교육이 최고선임을 보여주는 일종의 상징체계이다.

최고선이 행위의 규범들을 정당화하는 최고의 원리라고 한다면, 국가의 행위, 즉 정책의 정당성을 확증하는 규범들은 모두 최고선인 이 교육을 중심으로 재편되어야 한다. 말하자면, 경제와 정치는 자기실현으로 완성되는 인간 해방이라는 근대적 기획을 '위해' 존립해야 하며, 그런 점에서 교육에 봉사하는 방향을 취하거나 적어도 교육에 방해가 되어서는 안 된다. 정치와 경제가 인간의 자기실현을 위한 도구라고 한다면 자기형성이라는 의미의 교육은 자기실현의 직접적 표현이기 때문이다. 가치의 전도는 왜곡을 산출한다. 정치가 권력유지와 확장이라는 자기관성에 따라 교육을 종속시키고, 경제가 이윤창출이라는 자기관성에 따라 교육을 자기 발아래 둘 경우 인간의 자기실현이라는 가치는 왜곡된다. 우리는 지금 정치와 경제가 권력과 돈으로 교육을 어떻게 왜곡시키는지 직시한다. 인간을 순응적 존재로 만들기 위한 정치의 교과 개입과 인간을 기능인으로, 하나의 기계로 만들기 위한 경제의 교육 개입은 인간의 자기실현이 아니라, 그 자체가 인간성 파멸의 길이다.

개인의 관점에서 경제적 자유와 정치적 자유는 사실상 자기실현을 위한 보조 기능을 가져야 한다. 말하자면 물질의 궁핍으로부터의 해방과 정치적 억압으로부터의 해방은 인간의 자기실현이라는 최고선을 위해 존재한다. 정치적 이유와 경제적 이유로 인해 교육받을 기회를 박탈당하면 안 되는 이유는 바로 이것이다. 그리고 제도 차원에서 경제와 정치가 구성원의 자기실현을 방해하는 방식으로, 또는 교육체계에 직접 개입하는 방식으로 운용되어서는 안 되는 이유이기도 하다. 경제적 자유와 정치적 자유가 중요한 가치이기는 하지만 그것들은 모두 인간의 자기실현이라는 적극적 자유를 위해 존립해야 하고, 또 제도화되어야 한다.

교육 독립

교육이 이처럼 최고선으로 간주될 수 있다면 정치권력과 경제권력에 의해 좌우되어서는 안 되고, 오히려 정치권력과 경제권력이 교육을 위해 있어야 한다. 교육이 정치와 경제에 종속된다는 것은 가치 왜곡의 직접적 원인이 되며, 그런 왜곡은 심각한 인간 소외로까지 나아갈 수 있다. 가치의 전도와 소외가 심각한 수준인 오늘날 여기서 벗어나기 위한 한 가지 유력한 방편을 1차적으로 교육의 독립에서 찾아야 하는 이유가 여기에 있다. 여기서 정치적으로 독립한다는 것은 교육이 정치적 중립을 가져야 한다는 것이 아니라 교과 내용과 행정에서 정치권력의 통제를 받지 않는다는 것을 의미한다.

유럽의 교육제도는 그러한 과정을 거쳐왔다. 11세기에 이미 유럽은 교회 종사자와 국가 공무집행자를 양육하기 위해 대학을 설립하기 시작했다. 이때 대학들은 철저히 교회 권력의 통제를 받았다.

1734년 계몽 시기에 설립된 독일 니더작센 주의 괴팅겐 대학은 대학의 자율을 알리는 하나의 이정표이다. 이 대학은 처음으로 교회의 통제와 검열에서 독립해 교과목을 자유롭게 개설할 수 있었다. 이 대학의 이러한 시도는 당시 유럽의 보편적 가치로 승화되어 대학들을 바꿔나가는 모델이 되었다. 하지만 세속권력의 통제를 완전히 벗어나지는 못했다는 한계를 갖는다. 1810년 낭만의 시대에 설립된 베를린 대학(훔볼트 대학)은 세속권력으로부터의 독립까지 이루고자 했다는 점에서 학문의 자유의 또 다른 이정표이다. 이 대학은 훔볼트의 인문주의의 영향에 힘입어 학문이 모든 종류의 권력에서 자유로워야 한다는 이념 아래 설립되었다. 이를 위해서는 교육이 경제적 자유 또한 가져야 한다는 점을 분명히 한다. 경제적 자유란 교육을 수행함에 있어서 돈이 걸림돌이 되어서는 안 된다는 것을 함의한다. 그것은 누구도 돈 때문에 교육받을 기회를 박탈당해서는 안 되며, 동시에 경제권력에 의해 교육이 통제되어서는 안 된다는 것을 의미한다. 바로 그런 이유에서 국가는 교육과 관련한 모든 비용을 부담할 준비가 되어 있어야 한다. 유럽의 교육기관은 교육과 학문의 자유가 이처럼 정치적, 경제적 통제에서 자유로울 때 비로소 성립된다는 사실을 역사를 통해 배우고, 또 그들의 철학을 통해 확고히 해나갔다.

독일에서 최고선으로 간주되는 교육은 원칙적으로 공교육 중심으로 이뤄져 있다. 이것은 최고선을 우연성이 지배하는 사적인 영역에 맡길 수 없다는 의미이다. 그래서 초등학교에서 대학에 이르기까지 교육 관련 기관은 거의 모두가 국공립 형태를 취하고 있으며, 교육과 관련한 모든 재정 부담은 국가 혹은 지방자치단체가 책임진다. 즉 공교육이란 교육이 공공영역에 속하므로 사적인 자원에 의해 통제되어서는 안 된다는 것을 함의한다. 그리고 교육이 최고선이기 때문에 유럽은 교육을 정치권력의 통제에서 해방시켜 학문의 내용이나 커리큘럼에 대해서는 철저하게 국가가 간섭하지 않는 전통을 만들었다. 그들에게 국정교과서나 블랙리스트는 결코 상상할 수 없는 일이었다. 교육과 관련한 모든 재정, 예컨대 교수자와 학교 종사자들의 임금, 실험기자재 등을 모두 국가가 충당하고, 수업료를 포함한 학생들의 재정 부담을 모두 없앴지만, 원칙적으로 대학의 연구방향 등을 통제할 수는 없다. 이것이 학문의 자유의 핵심이다.

유럽에서의 이러한 길은 한국 사회가 배워야 할 한 모델이다. 교육의 정치와 경제에의 예속이 심화되고 이로 인한 한국 사회의 뒤틀림을 목도하는 현실에서 특히 그렇다. 국고지원금으로 학교와 학자들을 줄 세우고, 경제발전이 학문발전의 목표라고 큰소리로 외치는 사회, 그래서 기술개발과 경제적 이윤에 별 도움이 되지 않는다고 인문학을 비롯한 순수 학문을 경시하는 사회, 공교육을 지향하는 중등학교에서 급식을 무기로 정치투쟁을 유발하는 사회, 남과의 경쟁에서 이기는 것이 곧 자기실현이라고 가르치는 사회에서 더욱 그렇다. 한국 사회의 왜곡을 표시하는 다층의 서로 연결된 모순들(예컨대 남북문제, 지역문제, 도농문제, 서울집중문제, 노동과 자본의 문제, 특히 비정규직의 문제 등)을 어디서부터 풀 것인가에 대한 다양한 논의가 있지만,

교육을 최고선으로 간주하는 결단과 그에 수반하는 제도적 장치를 만들어나갈 필요가 있다. 그 첫걸음은 교육의 독립이다. 이것이 실타래처럼 엉켜 있는 한국 사회의 모순들을 풀어내는 하나의 실마리가 될 수 있다는 희망으로!

2. 새로운 연대를 위한 교육의 분권과 자치

 박남희 서울대학교 평생교육원 철학 교수, 희망철학연구소 소장

왜 교육인가?

2016년, 대한민국은 총체적 난국이다. 지금 한국 사회는 문제가 아닌 것이 없을 정도로 모든 일이 매우 심각한 상황에 처해 있다. 이러한 난제 앞에서 우리는 무엇을 어떻게 해야 하는가 묻지 않을 수 없다. 그리고 더 이상 지체할 수 없는 참혹한 현실 앞에서 우리는 이 모든 일의 근본적인 원인을 교육으로 논하며, 교육을 통해 이를 극복하고자 한다.

그렇다면 왜 교육인가? 그것은 한 사회가 지향하고 기리는 가치는 물론 이를 공유하고 실현해가는 모든 일이 교육에 의해 이루어

지기 때문이다. 공동체를 이루어 살기 마련인 사람들은 무엇에 근거
해 공동체를 유지 발전시켜나갈 것인가 궁리하며 이를 교육이란 이
름으로 행한다. 그러므로 무엇을 어떻게 교육할 것인가 하는 문제는
한 사회의 성격과 특성은 물론 그 사회의 미래를 달리하는 중차대
한 일로, 교육은 단순히 공동체를 이루는 여러 일 중 하나가 아니라
공동체를 이루는 가장 근본적인 토대라 하겠다.

그런 까닭에 교육은 특정한 이들에 의해 일시적이고 일방적으로
가 아니라 공동체의 백년대계를 내다보며 다양한 사람이 함께 오랜
시간 심사숙고해야 할 필요와 당위성을 가진다. 그렇지 않을 경우
교육은 온전하기 어렵고, 교육이 온전하지 않으면 건강한 사회 또한
기대할 수 없기 때문이다. 오늘 우리 사회문제가 교육과 결코 무관
할 수 없는 까닭이 바로 여기에 있다.

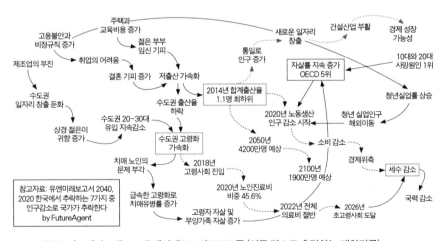

[출처] 시스템사고맵(46) 유엔미래보고서 2040 중 '인구 감소로 추락하는 대한민국'

그러나 불행하게도 우리 사회는 예기치 못한 외세의 침입과 그에 따른 급격한 사회변동으로 인해 이전과 달리 교육에 대해 진지한 논의를 제대로 해오지 못한 것이 사실이다. 그로 인해 교육의 진정한 의미를 방기한 채 수시로 바뀌는 정권에 따라 교육은 이리저리 부유하며 특정 지배권력의 욕구를 합리화하거나 자본주의라는 경제논리의 방편으로 변질·왜곡되고 말았다. 체계 유지를 위한 이데올로기와 경제성장을 위한 온갖 수단과 방법으로 전락한 교육은 국가의 백년대계를 궁구하기는커녕 정체성의 혼란과 필요 이상의 경쟁과 갈등을 유발·심화시키며 다양한 문제를 양산해온 것이 오늘 우리의 교육 현실이다.

우리는 교육이란 이름으로 아이들을 조기교육과 사교육 시장에 내몰고, 청년을 노동시장의 무한경쟁에 시달리도록 방치하며, 어른은 생존경쟁을 위한 속도전 앞에서 서둘러 폐기되는 사물이 될 것을 강요했다. 그리고 이를 성공과 능력, 성실로 포장해왔다. 사람들 사이에 끈끈이 이어져오던 신뢰, 관계, 도덕, 윤리 등은 퇴색하고 오직 살아남기 위한 무한투쟁만이 사회 전체에 만연하면서 삶의 의미조차 찾기 어려워졌다. 그리하여 사람들은 사람으로서 가지는 기본적인 욕망이자 누려야 할 권리인 꿈, 사랑, 결혼, 출산조차 포기하며 이름하여 영포시대를 살아가기에 이르렀다.

이러한 현상은 결혼율, 출산율, 자살률과 같은 한국 사회의 병리현상을 나타내는 지표만이 아니라 2040 유엔보고에서도 그대로 나타난다. 놀랍게도 유엔은 현 세계 10대 무역대국인 한국을 100년 안에 가장 먼저 사라질 나라로 지목하며 그 원인을 다름 아닌 인구 감소로 이야기한다. 그동안 우리는 남북 대치라는 명목하에 국가안보를 최우선으로 여기며 늘 천문학적 숫자의 국방비를 지불해왔지만 아이러니하게도 한국 사회의 해체는 외부가 아닌 내부의 문제, 즉 인구 감소에 의해 촉발된다는 것이다.

그렇다면 국가의 존폐가 야기될 만큼 인구가 감소한다는 것은 무슨 뜻인가? 그것은 한국 사회가 더 이상 미래를 설계할 수 없을 만큼 사회적 압력이 강하게 작동되고 있다는 것이고, 사회적 압력이 그 어느 사회보다 강하게 작동되는 까닭은 한국 사회가 총체적으로 문제 있다는 것을 반증하는 것이며, 이는 결국 한 사회의 근본적인 토대를 구축하는 교육에 문제가 있음을 의미한다. 앞서 말했듯이 교육은 그 사회의 근본 토대를 놓은 일과 깊이 관여되어 있기 때문이다.

재독 한인 철학자 한병철도 이야기하듯이 지금 우리는 늑대와 같이 나와 구별되고 분리되는 외적인 문제에 의해서가 아니라 바이러스처럼 이미 내 안에서 나와 같이 하나가 되어 구별도 분리도 할 수 없는 일들이 문제인 것이다. 그러므로 우리는 이 사회를 떠받들고 있는 모든 것에 대해 다시 논의해나갈 필요가 있다. 한국 사회의 문제가 외부가 아닌 내부, 그것도 부분이 아닌 총체적인 문제라 한다면 그 대안 역시도 외부가 아닌 내부, 부분이 아닌 전체적인 차원에서 다루어져야 하는 것이 지극히 마땅하고 당연한 일이다. 그런 차원에서 우리는 '국방이라는 이름의 안보'가 아닌 '교육에 의한 안보'(?)를 강구할 필요가 있다.

교육에 의한 안보란 말 그대로 교육 입장에서 안보를 접근할 수 있어야 한다는 것이다. 사회 내부에서 제기되는 문제를 교육 차원에서 새롭게 주조해야 진정한 안보를 이룰 수 있다는 인식의 대전환을 의미한다. 교육은 개인의 성취만이 아니라 사회를 지속 발전시켜나가는 데 있어 근본 토대인 만큼 '교육으로' 그리고 '교육을 혁신함으로써', 이전과 달리 한국 사회를 새롭게 만들어가야만 하며 이에 대한 책임은 우리에게 있다.

그런 까닭에 우리는 교육에 대한 철학적 성찰을 통해 이 사회를 약화시키는 '죽음의 교육'이 아닌 이 사회를 다시 건강하게 살리는 '살림의 교육'을 다시 개진코자 한다. 살림의 교육은 교육의 자기 정화를 통해 사회문제를 해결하고자 하는 일종의 사회책임 운동으로, 무력과 폭력이 아닌 건강한 이성적 사고를 통해 온전한 사람, 교양 있는 시민, 조화로운 공동체, 책임 있는 사회, 건강한 국가, 인류와 미래에 대한 희망을 다시 새롭게 세워나가고자 하는 일종의 사회교육혁명이라 하겠다.

교육이라는 이름의 혁명

사회이성 활동의 다른 이름인 교육을 통해 보다 바람직한 사회를 만들어가기 위한 노력과 운동, 그리고 시도는 아주 오래전부터 있어 왔다. 사유하는 사람들은 당면한 현실과 더불어 마주하는 현실 극복을 다름 아닌 교육을 통해 구해왔다. 동서고금을 막론하고 자신이 속한 사회를 새롭게 주조해가는 가장 합리적이고 지속적인 방법을 사람들은 교육이란 이름으로 행해온 것이다.

아주 오래전 철학의 아버지라 불리는 소크라테스도 무지의 앎을 통해 기존 사회를 타파하고 새로운 세계를 구축해가고자 했으며, 서양 사유의 기본 틀을 구축한 플라톤도 세계 최초의 대학인 아카데미를 세워 정의로운 사회를 구현하고자 했듯이, 사람들은 부당한 기존 사회를 시정하고자 하는 노력을 다름 아닌 교육으로 행하였다. 새로운 종교라는 보편국가를 추구했던 토마스 아퀴나스도, 중세 말기의 혼란한 시대적 암울함을 극복하고자 여성에게 종교교육을 시도한 요하네스 에크하르트도, 그리고 자유와 평등에 근거한 근대의 새로운 시민교육을 제기한 장 자크 루소와, 독일 부흥을 위해 새로운 시민사회 교양교육을 주창한 빌헬름 딜타이도, 현대 미국의 새로운 실용주의 교육을 주창한 멜빌 듀이도, 비록 그 내용은 다르다 해도 교육으로 사회를 변화시키려 한 것은 다르지 않다.

그뿐만 아니라 부도덕한 사회를 정치하기 위해 나선 공자, 맹자, 순자 등의 중국 선현들도 새로운 시대를 향한 열망을 교육의 토대 위에서 구한 것은 매일반이다. 이처럼 어느 시대, 어느 공동체를 막론하고 보다 바람직한 공동체를 이루어가고자 하는 노력을 사람들은 교육을 통해 부단히 시도해온 것이 사실이다. 이는 사람이 사유하는 존재인 까닭이다. 교육은 사람에게만 있는 고유한 특성이며, 우리는 교육을 통해서만 진정으로 변화를 이루어갈 수 있기 때문일 것이다.

　우리의 경우도 이와 다르지 않다. 우리도 홍익인간과 같은 도덕적 교육이념을 구현하기 위해 다양한 시도를 해왔을 뿐만 아니라 기존 사회의 병폐에 항거하고 이를 수정, 보완, 비판하기 위해 수많은 서당, 학당, 서원 등이 세워지기도 했다. 그러나 일제 식민지배로 단절된 우리의 소중한 교육전통은 이후 서구 자본주의가 물밀듯이 밀려오면서 자본주의의 논리에 충실한 수단으로 전락하거나 특정 정권의 지배 이데올로기로 변질되고 말았다. 정권이 바뀔 때마다 심사숙고 없이 급조된 교육은 철학은 물론 정책의 일관성도 없이 혼란과 갈등만 야기시켜왔다. 이러한 우리의 교육현실은 세계에서 유례없는 교육비를 지불하면서도 실제는 모두가 불행한 삶으로 내모는 작금의 현실, 즉 인구 감소에 따른 국가의 존폐 위기를 낳고 말았다. 이제 우리는 더 이상 이런 불행한 사태를 되풀이하지 않기 위해서, 그리고 다가오는 새로운 시대를 앞서 준비하기 위해서 참다운 교육의 의미와 더불어 우리 교육이 나아가야 할 방향을 구체적으로 논의할 수 있어야 한다. 그렇지 않으면 우리에게 미래란 없다.

　그렇다면 무엇이 교육인가? 도대체 교육은 무엇을 의미하는가? 교육은 다른 무엇을 위한 목적이나 수단이 아니라 그 자체로 옳은 것, 즉 사람으로서 가져야 하는 가장 기본적이면서 동시에 누구나 지향하는 바로 그 일과 관계있다. 우리는 이를 최고선 또는 공동선이라 이름하는데, 교육은 다름 아닌 이를 이루어가는 일이다. 이때 최고선 또는 공동선은 구체적 현실로부터 분리되어 따로 상정되어 있거나, 위로부터 단순히 전해지거나, 누구에 의해 일방적으로 규정되는 것과 같은, 나보다 앞서 주어져 있는 어떤 것이 아니라 지금 여기를 사는 공동체원들 모두가 다 같이 궁극적으로 지향하고 지향해야만 하는, 그래서 누구나 옳다고 여기는 바로 그것을 가리킨다. 우리는 이를 교육을 통해서 이루어간다.

그러므로 교육의 목적은 최고선을 지향하는 교육 그 자체여야 한다. 그렇지 않으면 교육은 언제나 다른 것에 종속될 수밖에 없음을 우리는 역사 안에서 수없이 보고 경험해왔다. 아무리 시대가 바뀌고 정권이 바뀌고 사람이 바뀌어도 최고선을 지향하고자 하는 사람들의 희구는 변하지 않기에 교육의 목적은 언제나 최고선을 지향하는 바로 그 자체여야 한다. 사람은 다른 생명체와 달리 자기가 스스로 만들어 살아가는 존재이므로 누구나 어떤 결과나 성패에 의한 비교 우열, 효율성에 따른 구별과 차별을 받지 않고 자신이 원하는 삶을 살아갈 권리가 있다. 교육은 그러한 면에서 누구나 자신의 삶을 스스로 만들어가는 자기실현 과정이라 하겠다.

국가가 공동체원들의 의식주만이 아니라 모두가 각자 자신의 소질과 뜻에 따라 살아갈 수 있도록 책임을 져야 하는 까닭이 바로 여기에 있다. 국가는 누구나 삶을 스스로 실현해갈 수 있는 교육 기회를 제공해야 하고 이를 보장해야 한다. 강제성이 아닌 자발성에 근거해 누구나 자기가 원하는 바를 원하는 시기에 원하는 만큼 할 수 있도록 국가는 전 생애에 걸쳐 교육 기회를 보장해주어야 한다. 그러한 면에서 교육 기회의 평등은 '평생교육'이어야 할 필요가 있다.

교육이 평생이라는 전 생애 안으로 확장되어야만 교육은 경쟁이 아닌 연대, 강요가 아닌 자율, 수단이 아닌 목적, 방법이 아닌 진리를 추구할 수 있으며, 자기 선택에 따른 사회적 책임을 다하는 교양 있는 시민으로 살아갈 수 있다. 공교육이라는 이름하에 교육의 평등을 기초로 한 법적 의무교육이 시행되고 있지만, 실질적인 교육 기회의 평등은 각 개인이 처한 상황에 따라 교육의 내용과 시기를 스스로 선택하고 이에 따른 책임을 질 수 있을 때에야 가능하다. 그런 의미에서 교육 기회의 평등은 공교육으로서 의무교육을 벗어나 평생교육이어야 마땅하다.

평생교육 기회의 평등은 자기가 희구하는 삶을 보다 아름답게 가꾸어가는 교양 있는 시민은 물론, 지속적인 공동체를 위한 사회 재교육 차원에서도 바람직한 일이다. 평생교육을 통해 사람들은 급변하는 사회 속에서 자기실현은 물론 현실비판과 더불어 미래 사회에 대한 대안을 강구하며 새롭게 대두되는 세계시민으로서 '사회적 책임' 또한 다할 수 있을 것이기 때문이다.

교육의 독립과 분권, 그리고 자치

평생교육으로의 전환은 단순히 학제에 대한 개편이 아니라 한국 사회의 존폐 문제와 관련된 근본 구조에 대한 일대 변혁을 이루고자 하는 일이다. 따라서 이는 특정 정권이나 논리로 일괄할 수 있는 문제가 아니라 우리 모두가 국가의 백년대계를 내다보고 일관성 있게 추진해나가야 하는 일로, 사회 구성원 모두가 심사숙고하는 가운데 토론과 논의를 거쳐 사회적 합의를 도출해갈 수 있어야 한다.

사회적 합의에 의한다는 것은 교육이 어떤 정권이나 권력, 자본에 예속되지 않고 독립·분권해 자립적이고 자치적으로 이루어간다는 것을 의미한다. 그럴 수 있을 때에야 교육은 본래적인 목적, 즉 교육이 다른 것을 위한 수단과 방법이 아닌 그 자체가 목적인 최고선을 지향하는 교육, 사람이 사람으로 살아갈 수 있는 권리와 의무를 다하며 건강한 시민으로서 인류 앞에 책임을 다하는 온전한 교육, 자신이 원하는 바를 스스로 실현해가는 과정으로서의 교육, 누구에게나 동등하게 주어지는 기회의 평등으로서의 교육, 그 시기와 내용이 타율이 아닌 자율에 의해 이루어지는 전 생애에 걸친 평생교육을 이루어갈 수 있다.

그렇지 않고 교육이 특정 정권에 예속되면 교육은 결코 정권의 영향에서 벗어나기 어렵다. 정권에 의해 부림당하는 교육은 일관성을 가지고 거시적 관점에서 교육을 세워나가는 데 한계가 있을 뿐만 아니라 사람으로서 온전한 주체가 되고자 사유하고 판단하고 비판하는 능력, 즉 자신과 다른 사람들과 함께 나누고 공유해야 할 것이 무엇인가를 분별하며 전 인류적 공동체원으로서 마땅히 짊어져야 할 책임이 무엇인가를 스스로 묻고 답하며 미래를 논하는 참다운 교육을 기대하기 어렵다. 최근에 불거진 역사 교과서의 국정화 사건이 보여주듯이 특정 정권에 봉사하는 교육은 정권의 이데올로기가 되어 우리를 살게 하는 것이 아니라 오히려 억압하고 퇴행시킨다.

더더욱 정권이 자본과 결탁하거나 자본의 논리에 이끌리면 교육은 특정한 목적을 위한 수단과 방법으로 기능할 뿐 학문성이 유실되고 만다. 학문성 없는 교육이란 그야말로 페이퍼 컴퍼니(paper company)처럼 무늬만 교육일 뿐 교육이라 할 수 없다. 교육을 교육이게 하는 학문성은 교육의 자율성에 비례하는바, 정권과 자본의 논리로부터 독립할 때만이 가능하다. 재벌의 사학 지배, 교육부의 대학 평가제도, 그리고 학진에 의해 주도되는 지원 사업 등은 모두 학문의 자율과는 거리가 멀다. 이대 사태는 바로 이러한 문제를 총체적으로 보여준 사건이라 하겠다.

이처럼 교육이 정권으로부터 독립되지 못하고 특정 집단의 이해나 이익을 대변하게 되면 미래는커녕 지엽적인 일에 부화뇌동하게되어 오히려 분열과 갈등을 조성하고, 결국에는 공동체의 약화를 가져오기 마련이다. 그러므로 교육은 특정 정권이나 자본의 논리로부터 벗어나 참다운 교육을 실현해가기 위해 독립·분권 자치되어야 한다. 교육의 독립 없이 학문은 있을 수 없고, 학문의 자율 없이 국가 경쟁력 또한 있을 수 없다. 국가의 경쟁력이란 국가의 주도하에 강제적으로 만들어지는 것이 아니라 학문의 자율성이 보장될 때 자연스럽게 이루어진다. 그런 까닭에 국가는 교육이 자율적으로 행해질 수 있도록 지원과 지지하는 역할에 한정되어야지 직접 개입, 간섭하거나 주도하는 것은 옳지 않다. 국가가 교육에 개입하면 할수록 교육의 자율성은 상실되고 자율성이 상실되면 학문은 특정 목적을 위한 수단으로 전환되고 획일화되며 화석화된다. 이런 풍토에서는 특히 현대와 미래 사회에서 중요하게 이야기되는 인문학적 상상력에 토대를 두는 학문과 경쟁력을 기대하기는 어렵다. 그런 차원에서 정권의 지배하에 있는 교육부는 해체되는 것이 마땅하고, 교육은 독립·분권되어 자치적인 기구인 자율적 합의체에 의해 이루어지는 것이 옳다.

교육이 정권으로부터 독립·분권되어 구성원들의 합의에 따라 자치적으로 운영될 때에만 교육은 풍요롭고 힘 있는 교육의 본래 역할을 감당할 수 있다. 그렇기에 교육의 독립을 위해 우리는 입법, 사법, 행정의 3권 분리가 아닌 4권이 될 필요가 있다. 3권 분리는 자유와 평등에 기초하여 새로운 시민사회를 구축하고자 했던 근대인의 바람과 연관이 깊다. 실제로 존 로크는 자유로운 개인을 토대로 하여 모두가 평등한 시민사회를 이루고자, 법으로 권력의 집중화를 막기 위해 삼권분리를 제안했다. 이는 당시 가장 절실하고 타당한 시도였고, 지금도 여전히 유효하기는 하지만, 로크가 간과한 것이 있다면 그것은 바로 교육의 문제를 제대로 통찰하지 못한 것이다.

무엇을 어떻게 해야 하는가를 생각하고, 논하고, 구하는 사유하는 사람에게는 법을 제정하고, 시행하고, 적용하기 전에 이를 어떻게 할 것인가 논하는 교육이 무엇보다 중요하다는 사실을 로크는 간과한 것이다. 법에 의해 교육하는 것이 아니라 교육을 통해 법을 만들어가는 것임을 그는 미처 생각하지 못했다. 르네 데카르트가 인간의 정체성을 사유하면서 구하듯이, 사람은 사유하는 까닭에 우리에게 무엇보다 중요한 것은 생각을 하고, 가꾸고, 기리고, 공유하는 것이다. 그것을 교육이라는 이름하에 이루어가는 우리는 교육을 통해 함께 공유해야 할 가치가 무엇인지 먼저 논하고, 이에 근거해 공동체를 위한 법을 제정하고, 법에 의해 시행하며, 이에 따른 상벌을 주는 4권이 바람직하다. 그렇지 않을 경우 교육은 언제나 지배 정권의 통치수단으로 작동할 수밖에 없다.

미셸 푸코가 『지식의 고고학』과 『지식의 계보학』에서도 이야기하듯이 교육이 정치권력으로부터 벗어나 독립·분권·자치가 이루어지지 않으면, 교육은 한갓 기존 힘의 논리를 지지, 확충, 보완, 지속, 유지해나가는 장치에 불과하다. 자크 라캉도 지적하듯이 정권에 예속된 교육은 기존 기호를 습득하는 체제와 체계의 익힘에 지나지 않는다. 교육이 권력으로부터 독립·분권될 때만이, 그래서 합의에 따라 자치적으로 이루어갈 때만이 교육은 교육의 본래 목적인 최고선, 즉 누구나 스스로 자신의 삶을 나름대로 실현해갈 수 있는 길이 열린다. 한스 게오르크 가다머가 그의 대표 저서 『진리와 방법(Wahrheit und Methode)』에서 빌둥(Bildung)을 농작물의 성장처럼 육성으로 이야기한 칸트와 목적 지향적인 도야 개념으로 설명한 헤겔과 달리 그 자체로 자기실현(Vollzug)하고 있는 교양으로 이야기한 까닭도 교육은 그 무엇을 위한 목적이나 수단이 될 수 없는 그 자체가 목적이어야 함을 논하는 것이다. 그렇기에 교육이 정권이나 자본을 비롯한 그 무엇에도 휘둘리지 않고 교육 그 자체를 지향하기 위해서는 교육이 궁극적으로 독립·분권·자치를 이룰 필요가 있다. 그런 의미에서 입법, 사법, 행정과 더불어 교육을 포함한 4권 분리를 제안하는 바이다. 그것이 오늘날 대통령이라는 행정부에 치중된 권력을 분산·균형·조화롭게 하는 일의 하나이기도 하다.

근대가 개인의 자유에 근거한 공동체원 모두의 평등을 구현하고자 했지만 실제로 이를 이루지 못하고 레닌의 공산혁명과 스탈린의 독재정치, 나치의 전체주의를 초래한 까닭이 다름 아니라 입법, 사법, 행정과 같이 교육이 독립·분권·자치되지 못한 탓이라 한다면 우리는 이에 대해 숙고해보아야만 할 이유가 충분하다. 교육의 독립을 미처 고려하지 못한 까닭에 그들의 바람과 달리 지불해야만 했던 것이 폭력과 혁명과 전쟁이라면 이는 너무 지나친 비약인가. 근대에서만이 아니라 현대에서도 여전히, 아니 더 정권에 휘둘리고 자본에 눌리며 기술에 뒤틀리는 교육은 우리에게 어떤 미래를 열어 보일 것인가. 더욱이 정권이 바뀔 때마다 수시로 바뀌는 교육정책으로 인해 극심한 혼란과 갈등을 겪고 있는 한국 사회라면 말이다.

모두가 교육의 폐해를 너무도 잘 알고 절실히 교육의 독립을 원하지만 실제로 그렇지 못한 까닭은 무엇인가. 말로만 교육의 독립을 표방하고 실제적인 독립이, 분권이, 자치가 이루어지지 않은 까닭은 교육의 폐해를 당연시 받아들이는 패배주의가 우리 안에 너무도 깊이 자리하고 있기 때문 아닌가. 너무도 오래 학습되고 내재되어버린 탓에 무엇을 어떻게 해야 하는지 모른다 해도 이를 분연히 털고 일어나 새로운 사회를 만들어 살아가야 하는 책임이 우리에게 있다면, 우리는 유토피아는 아니라 해도 최소한 디스토피아가 되지 않도록 할 수 있는 모든 일을 구체적으로 실행해봐야 하지 않겠는가. 교육의 독립과 분권, 그리고 자치는 결코 선택 사항이 아니라 한국 사회가 소멸이 아닌 새롭게 도약할 수 있는 기회를 갖느냐 그렇지 못하냐를 가르는 중대한 문제가 아닐 수 없다.

그렇다면 무엇을 어떻게 하자는 것인가

최고의 선을 지향하는 교육 본래의 목적을 실현해가고자 하는 교육의 독립은 매사에 자유와 책임을 갖는 주체로서, 마주하는 우연적인 일들 앞에서 능동적으로 행위할 수 있는 힘을 익히고 배양하는 일이다. 그러한 면에서 교육의 독립은 건강한 공동체를 위함이요, 정권에 의해 일방적으로 부림당하지 않고 자유로운 주체들인 공동체원들이 스스로 만들어간다는 의미에서 민주 공동체를 위한 일이다. 또한 자주적인 공동체원들이 생각하고 토론하고 정립하는, 즉 합의를 도출해간다는 면에서 아래로부터 위로 향하는 부드러운 혁명이다. 그리고 다양한 사람들이 다양한 생각을 하나로 새롭게 만들어간다는 면에서 삶의 기술이고, 예술사회를 지향하는 일이며, 체계에 의존하지 않고 사유하는 인간이 창의적인 사고와 합리적인 이성을 발휘하고자 한다는 면에서 살아 숨 쉬는 건강한 삶의 터에 대한 요구이자 새로운 세계에 대한 희구이다.

이처럼 교육은 과격한 혁명도, 초월된 세계를 추구하는 종교도 아닌, 소크라테스가 모범을 보였듯이 지혜를 통해 보다 정의롭고 평화로운 행복한 세상을 만들어가고자 하는 일이다. 이는 단기간에 이루어지는 것은 아니지만 가장 힘 있고 분명하며, 가장 멀리, 가장 오래 지속적으로 이루어간다. 그렇기에 세계에서 유일한 분단국가로서 각종 색깔론이 난무하고, 불필요한 좌우 대립이 첨예하고, 빈부의 격차가 크고, 계층 간에 대화가 단절되고, 기형적 자본주의가 심화되어 있는 현 사태에서 종국을 원하지 않는다면 대한민국이 나아가야 할 길은 다른 것이 아닌 바로 참다운 교육에 의한 합리적이고 이성적인 변화여야 할 것이다. 그것을 가능하게 하는 일이 바로 교육의 독립, 4권 분리이다.

그 어느 때보다 다양한 생각을 가진 다양한 사람이 다양한 일을 하며 다양한 일과 다양하게 마주해야 하는 현대사회는 혈통도, 지역도, 종교도, 법도 아닌 바로 문화와 예술에 의한 느슨한 가상공동체를 만들어 살 뿐만 아니라 빠르게 지식정보사회로 나아가고 있다. 일명 4차 산업혁명이라고 불리는 급변하는 이 시대에 교육은 그 어느 때보다 중요한 문제로 부상하고 있다. 이러한 변화 앞에서 유연하고 능동적으로 대처하기 위해서도 교육의 독립과 분권, 그리고 이에 따른 자치가 무엇보다 중요하다. 그럼에도 불구하고 우리는 교육의 후진성으로 인해 미래는커녕 공동체의 해체를 염려하는 지경까지 왔다. 이에 더 이상은 미룰 수 없는 시대적 요청 앞에서 우리는 교육의 독립과 분권, 자치를 논하며 지금의 산적한 문제와 함께 미래에 대한 대안을 강구하며 대한민국을 새롭게 해나갈 것을 요청한다. 그렇다면 무엇을 어떻게 하자는 것인가.

이를 위해서는 무엇보다 성숙한 시민의식이 요구된다. 그런데 성숙한 시민의식은 모든 사람에게 교육 기회가 평등하게 주어질 때에야 가능하다. 모든 사람에게 교육의 기회가 공평하게 주어져야 공동체가 나아갈 바람직한 가치와 방향에 대해 토론과 논의, 공감과 연대를 이룰 수 있기 때문이다. 그러한 면에서 교육 기회의 평등은 전 생애를 걸쳐 누구에게나 언제든 가능해야 한다. 다시 말해 교육 기회의 평등은 평생교육으로 확장되어야 한다. 그렇기 때문에 교육은 다양한 사람들의 다양한 요구에 따른 다양한 학제와 다양한 학습 내용이 제공되어야 하며, 이는 국가의 전적인 책임하에 전액 무상으로 이루어져야 한다.

평생 무상교육은 문제 발생 후에 개선하는 사후처방이 아니라 사전에 힘을 배양하고 돌보며 만들어간다는 면에서 지불적 복지정책보다 훨씬 더 유용하고 효율적이다. 우리가 교육과 관련해서 지불하는 것들과 국가 경쟁력을 높이기 위한 사회 재교육 차원에서 보더라도 그러하다. 점점 증대되는 문제들의 사후 처리 비용과 이에 따르는 사회간접 비용, 더더욱 평화보다는 경쟁구조하에 문제의 원인을 안이 아닌 밖에서 찾으며 제한 없이 쏟아붓는 국방비, 또 불필요하게 사람들의 삶을 무겁게 억압하고 있는 사교육비와 관련해서 살펴보아도 평생 무상교육은 오히려 더 경제적이며 효율적이고 안정적이라 할 수 있다.

이는 재원의 문제가 아니라 인식의 문제 즉 방법의 문제며, 미시가 아닌 거시적 관점에서 한국 사회를 다시 살려나가기 위한 열의와 책임의 문제가 아닐 수 없다. 그동안 우리 사회를 병들게 하는 많은 것, 예를 들면 차별을 불러들이는 입시 경쟁, 학벌 사회, 학교 등급, 사교육비를 비롯한 무한경쟁, 성과주의, 물신주의, 양극화 등을 포함한 크고 작은 문제들은 평생 무상교육을 통해 자연스럽게 해소해갈 수 있을 뿐만 아니라 국가 경쟁력 차원에서도 고려해봐야 한다.

평생교육으로의 전환은 보험도 과시도 아닌 자신의 필요와 소신에 따라 행하며, 누구에게나 스스로 자신의 삶을 능동적으로 만들어가는 주체가 되는 일이기에 그러하다. 교육의 주체는 국가가 아니라 교육 당사자이고, 교육 관계자이며, 교육기관이어야 한다. 그래야 자신은 물론 타자와 사회와 미래까지도 생각하고 고려하고 선택하며 그에 따르는 책임을 다할 수 있다. 국가는 이를 위한 지원과 지지에 머물러야지 국가가 주도적으로 행하면 교육은 허울뿐 참다운 교육이 이루어지기 어렵다. 그렇기에 교육의 독립과 분권 없이 교육의 자치를 이야기한다는 것은 공허한 말에 지나지 않는다. 교육의 권한을 학교에, 선생에, 학생에, 국민에, 개인에 되돌려주어야 교육은 다양하고 풍성하고 역동적일 수 있으며 진정으로 효율적이고 경쟁력을 갖추게 될 것이다.

물론 이에 따르는 보다 구체적인 문제는 사회적 합의에 의해 이루어가야 하는바, 이를 위한 독립적인 합의체, 즉 교육의 독립과 분권에 의한 자치기구인 교육합의체가 필요하다. 합의체는 지역과 일에 따라 분권된 다양한 합의체여야 하며, 이 다양한 합의체는 따로 또

같이, 상황에 따라, 일에 따라 나름으로 합의를 이루어갈 수 있어야 한다. 그리고 그 무엇으로부터도 예속되지 않은 독립·분권된 다양한 교육의 합의체는 그야말로 다양한 사람이 모여 합의에 의해 선출, 운영되어야 한다. 사람들은 누구나 자기의 소신과 능력에 따라 선출도 하고 선출되기도 하면서 공동체의 한 사람으로 살아가는 의미와 보람, 그리고 희망을 가질 수 있어야 한다.

다소 더디고 어렵다 해도 자유로운 토론과 논의를 통해 합의를 이루어가는 것이 무엇보다 중요한 까닭은 합의를 이루어가는 과정 그자체가 바로 교육일 수 있기 때문이다. 사람들은 합의의 과정을 통해 주어진 상황 안에서 최선이 무엇인가를 터득하고 습득하며 최고의 선을 도출해간다. 그리고 그 과정 속에서 행복도 변화도 일구어간다. 그런 까닭에 실제로 이보다 더 좋은 교육, 제도, 정책이란 있지 않다. 그러한 의미에서 진정한 교육은 이 합의체의 유무에 달려 있다고 할 수 있다.

우리는 이 합의체에서 교육의 내용만이 아니라 점점 더 긴 시간과 비용을 요구하는 현 학제와 이와 달리 점점 더 비인간으로 치닫는 교육 현실, 그리고 가장 중요함에도 가장 열악한 환경에 처해 있는 유아교육만이 아니라 명예와 권력과 재정이 집중되고 있는 대학 중심의 학문체계, 학문이 아닌 자본의 논리에 지배당하고 있는 대학, 학문의 사대성과 주체성의 상실, 개선되기보다는 점점 더 심화되는 남북 고착상태에 대한 문제, 통일에 대한 대비와 이후에 대한 교육 등만이 아니라, 급변하는 국제정세와 미래에 대한 교육 등에 대해 토론과 논의를 하며 이전과 다른 새로운 합의를 만들어가야 한다. 분리해서가 아니라 전체적인 관점에서, 그리고 우리만이 아니라 다른 나라의 교육과 비교 검토 연구하며, 지금 여기 우리에게 적합한 교육을 합의로 도출해갈 수 있어야 미래가 있다. 교육은 시간과 자본, 시설과 장비에 비례하는 것이 아니라 얼마나 심사숙고하는 가운데 토론하고 논의해 합의를 이루어가느냐에 달려 있다.

이를 위한 교육의 독립과 분리는 학문의 자유, 대학의 자율을 위해서만이 아니라, 가르치는 일에 전념하지 못하고 각종 행사와 보고를 위한 행정적인 일에 더 많은 시간을 빼앗기는 교사, 자율적이고 자발적인 자기주도적 학습보다는 반강제적이고 타율적으로 이끌려가는 학생, 창조적이고 능동적이기보다는 의존적이고 비의지적인 교육 현장으로 둔갑한 강의실, 혼자 살기도 부모가 되기도 두려워하는 젊은이, 희망보다는 절망부터 배우는 청소년, 모두가 소중한 직업과 역할임에도 이를 차별하며 특정한 것만 고집하는 사람들, 상호 존중하기보다는 서로 자기주장만 하기에 바쁜 이들, 학생과 선생 그리고 부모 사이에 실종된 신뢰, 권리는 찾고 책임은 방기하는 사람들, 사회적 책임은 등한시하고 개인의 영달과 이익만을 추구하는 이들, 같은 민족임에도 서로를 증오하도록 요구하는 사회 모두를 위해 중요하다. 왜냐하면 이 모두가 현 교육의 폐해이기 때문이다.

교육의 독립은 그런 면에서 결코 지엽적인 일이 아니라 사회 대변혁을 요구하는 일로, 과학기술과 더불어 급변하는 세계, 즉 증강현실과 가상현실이라는 또 다른 세계로 빠르게 변화하고 있는 차원에서 국가의 미래를 위해서도 중요한 일이 아닐 수 없다. 특히 우리에게 당면한 문제인 남북문제만이 아니라 다양한 혈통, 인종, 문화, 종교, 언어, 전통을 가진 사람들과 다 같이 살아가야 하는 현대의 다문화 사회에서는 이전과 다른 새로운 연대를 이루어가기 위해서도 교육의 독립과 분권, 그리고 자치는 꼭 이루어져야 한다. 사람은 교육을 논하고, 교육은 사람을 만든다. 우리는 공동체의 이름으로 교육하고, 교육은 공동체의 연대를 새로이 한다. 그렇기에 교육의 시작과 끝은 언제나 사람이다. 사람을 이야기하고 사람을 존중하고, 사람이 사는 공동체를 이루어가는 그런 교육, 그런 교육을 위한 교육의 독립, 즉 교육의 분권과 자치가 대한민국의 미래를 달리하는 것이다.

근대의 이성이 이성으로서 역할을 하지 못하고 도구화된 이성이 된 까닭은 교육의 독립이 이루어지지 못한 것과 무관한가. 혹 특정한 일을 위한 수단과 방법으로 전락해버린 도구적 이성으로 인해 근대에서 전례 없는 폭력과 살상이 있게 된 것이라면, 그래서 교육이 최고의 선을 지향하지 못하고 수단과 방편으로 전락해버려 아무런 제재 없이 그런 무자비한 일들이 서슴없이 벌어진 것이면, 바로 이러한 현상들이 오늘도 우리 사회에서 재현되고 있다면 도대체 어떻게 할 것인가. 그래도 우리는 무한경쟁 시스템 속에서 다른 사람들을 밟고 일어서기를 강요하는 것을 여전히 교육이라 하며, 오직 기능인으로서 노동자로서 역할을 하라고 강요하는 것을 학문이라 할 것인가. 강자가 약자를 더 약하게 하고 강자를 더 강하게 하는 것을 진리라 하며, 옳고 그름을 말하지 못하는 것을 선이라 할 것인가.
이제 우리는 교육의 혁신을 통해 참다운 교육을 밝혀 실현해갈 수
있어야 한다. 그러기 위해서라도 오늘 우리는 무엇보다 먼저 새로운
연대를 위한 교육의 독립과 분권, 그리고 자치를 구해야 할 것이다.
미래는 바로 여기에서 열리는 것이기 때문이다.

3. 교육 기회의 평등
: 더불어 사는 삶과 교육

─────

 박승현 원광대학교 마음인문학연구소 HK 연구 교수

승자독식 사회와 우리의 교육 현실

대한민국 국민이라면 누구나 우리의 교육 내용과 방향, 그리고 교육 시스템에 문제가 있다는 점을 인정할 것이다. 특히 가정마다 자녀의 사교육비 부담이 날로 증가해 가정경제에 심각한 부담을 주고 있다는 것은 주지의 사실이다. 따라서 현재의 교육 내용과 제도로는 '인간다운 삶'[1]의 실현이라고 하는 교육의 진정한 목적에 도달할 수 없다. 우리 현대사를 돌아보면, 새로운 정부가 들어설 때마다 '교육제도 개선' 혹은 '교육혁명'을 외쳐왔다. 그리고 어떤 정부는 정말 획기적인 방식으로 그 변혁을 시도했다. 하지만 그 개혁 내용과 방향을 자세히 들여다보면, 대부분 '대학입시'와 관련된 것들이다. 아무리 좋은 방향으로 교육개혁을 시도한다고 하더라도, 교육 현장에서는 이른바 '대학입시'와 연관이 적다고 판단되면 곧바로 무용한 것으로 치부해버린다.

우리는 다음 세대들에게 "열심히 공부해야 한다"라는 말을 입에 달고 살아간다. 왜 공부를 열심히 해야 하느냐고 물어보면, 대부분 "잘 먹고 잘 살기" 위해서라고 대답할 것이다. 열심히 공부해 좋은 성적을 받아야 이른바 좋은 고등학교에 입학할 수 있고, 그래야 명문대학에 들어가기가 유리하기 때문이다. 또 명문대학을 나와야 누구에게나 선망의 대상인 좋은 직장에 취직할 수 있고, 좋은 보수를 받고, 좋은 동네에 살며, 안락한 삶을 누릴 가능성이 높아지기 때문이다. 이런 순환 고리가 존재하는 한 한국의 부모들은 초등학교 시기, 이르면 유치원 시기, 좀 더 거슬러 올라가면 엄마 배 속에 있을 때부터 공부를 다그치지 않을 도리가 없는 것이다.

물론 대한민국의 교육열은 세계 어디에 내놓아도 최고라고 자부할 수 있다. 부존자원이 거의 없고, 분단으로 인해 대륙으로 진출할

---

1 '인간다운 삶'이라고 하면 흔히 일정한 정도의 부와 사회적 지위를 획득해 안정된 삶을 영위하는 것을 의미한다. 인간들이 살아가기 위해 경제적, 사회적 기본 조건은 꼭 필요하지만, 그것이 충족되었다고 인간적인 삶을 살아간다고는 말할 수 없다. 우리 사회에서 높은 지위와 부를 가진 사람들이 이기적이고 비인간적인 행위를 하는 경우를 너무나 많이 목격할 수 있기 때문이다. 여기서 말하는 '인간적인 삶'이란 나만의 생존을 추구하는 것이 아니라, 남과 더불어 사는 공존의 가치를 실현하는 것을 말한다. 나의 생존을 넘어 타자와 더불어 사는 삶을 고민하는 그 지점에서 도덕과 인격(人格)을 말할 수 있는 것이다. 결국 교육이란 한 인간이 자신의 인격을 발전시켜 완성의 길로 나아가게 하는 것이라고 정의할 수 있다.

길이 막혀버린 섬나라와도 같은 대한민국이 전쟁과 빈곤의 늪에서 이렇게 빨리 탈출한 것은 교육의 힘이라는 것을 누구도 부정할 수 없다. 하지만 지금 이 시점에도 과거와 같은 교육열을 그대로 용인할 것인가 묻지 않을 수 없다.

사실 그런 과도한 교육열의 이면을 들여다보면, 자신의 자녀를 경쟁사회에서 승리자로 만들겠다는 목표 이외에는 아무것도 없다고 할 것이다. 인격적으로 성숙한 전인적 인간을 길러낸다는 교육목표와 이념은 '교육헌장'에 말로만 기술되어 있거나 '교육지침서'에만 들어있고 초·중·고등학교 교육 현장에서는 그 자취를 찾아보기 힘들다.

지금 교육 현장의 최대목표는 궁극적으로 '대학입시', 즉 'In Seoul'에 맞추어져 있다고 할 것이다. 그것 이외에는 어떠한 논리도 중·고등학교 교육 현장에 먹혀들지 않는다. 실제로 주위에서 어떤 학생이 'In Seoul'했다는 말을 들으면, 다른 것은 묻지도 않고 일차적으로 성공했다고 인정한다. 왜냐하면 그것은 바로 경쟁사회에서 승리할 가능성을 남보다 앞서 많이 확보했다는 의미이기 때문이다. 그렇다면 우리 사회에서 대학입시가 왜 그렇게 중요한 지위를 점하게 된 것일까? 그리고 우리는 왜 그렇게 반드시 경쟁에서 승리하고, 성공하는 삶을 꿈꾸는 것일까? 그것은 바로 대학입시가 교육을 통한 신분상승의 욕망과 맞닿아 있기 때문이다.

우리 사회는 이른바 '패배자', '실패자'에게 그리 너그럽지 못한 편이다. 특히 IMF라는 외환위기를 겪은 이후, 사회구조가 신자유주의 시장경제체제로 급속히 재편되어 경쟁에서 승리한 자에게만 기회가 주어지고, 패배자에게는 기회가 완전히 박탈되는 '완승의 논리'가 지배하는 '승자독식사회'로 급격하게 전환되었다. 패배하거나 정상 궤도에서 한번 이탈한 사람에게는 다시금 제자리로 되돌아갈 기회가 주어지지 않는다. 그래서 사람들은 이러한 절망의 나락으로 떨어지지 않기 위해 늘 발버둥 치며, 수단과 방법을 가리지 않고 경쟁에서 무조건 이겨 남보다 한 걸음 더 앞서려고 조바심을 내는 것이다. 비록 그것이 비정상적이고 부정한 방법이라고 하더라도 말이다. 이러한 상황에서 한국의 부모들은 자식들이 사회적으로 뒤처져 상대적 약자가 되지 않기를 바라는 마음에 사교육 현장으로 내몰지 않을 수 없는 것이다.

그러므로 대한민국에서 교육은 단순히 교육만의 문제가 아니다. 교육 개혁에 관한 문제는 바로 우리의 삶에 대한 태도와 가치관의 변화를 전제로 해야만 가능하다. 왜냐하면 지금처럼 교육이 경쟁사회에서 승리하는 기술만 가르치고, 승자독식 논리를 조장하는 풍토에서는 어떠한 교육개혁 방안을 내놓아도 무용지물이 되기 십상이기 때문이다.[2] 철학을 전공하는 교수들이 이른바 '교육독립선언'을

---

2 "자기 자녀만을 생각하는 학부모의 이기적인 욕망이 존재하는 한 학교교육에 대해서는 어떠한 정책을 제시한다고 해도 현실을 개선할 수 있을 것 같지 않다. 학교교육을 개혁함으로써 문제를 해결하려는 전략은 오히려 학교의 본래적 기능을 약화시키고 학생과 학부모의 부담을 증가시키며 입시산업은 그 영역을 더욱 확대해갈 수밖에 없다. 학부모의 맹목적이고 이기적인 욕망을 변화시키지 않으면 안 되는 것이다. 따라서 학부모의 맹목적이고 이기적인 욕망을 초래하는 왜곡된 사회구조의 변화 없이 학교나 교육제도 어느 한 부분만의 개혁을 통해 문제를 해결하려는 시도는 오히려 역효과만 유발할 것이라는 사실을 인식할 필요가 있다."(이두휴, 「입시 산업에 포위당한 학교교육을 해방시키기」,『새로운 사회를 여는 교육혁명』, 살림터, 157쪽).

내놓는 이유는 이러한 우리의 교육 현실 속에서 단순히 교육제도만 바꾸자는 것이 아니다. 교육제도에 관해서는 교육학을 전공하는 학자들이 훨씬 전문적인 대안을 내놓을 수 있다. 우리가 철학적 관점에서 교육개혁에 대해 질문을 던지는 것은 교육제도 개선과 아울러 현재 우리가 가진 삶의 태도와 가치관에 대한 근본적인 변화를 도모하기 위함이다.

더불어 사는 삶의 가치 실현

한국은 IMF를 겪으면서 사회구조가 재편되는 과정에서 사회 전 분야가 무한경쟁체제로 돌입했다. 따라서 인간을 단지 기능적 효율성 측면에서만 평가하려 하고 있다. 현재 진행되고 있는 대학 구조조정의 중심에도 자본주의 시장경제 논리가 자리 잡고 있다. 그래서 일부 학자들은 대학에서 경쟁력 없는 '인문학'을 가르칠 것이 아니라, 기술 교육을 중심으로 가르쳐야 한다는 주장을 강력하게 내놓고 있는 것이다. 물론 교육에서 사회적 환경 변화에 따른 새로운 지식의 습득과 기술 교육의 중요성을 간과해서는 안 되겠지만, 기술 교육만 강조하는 것은 교육의 진정한 의미를 저버린 근시안적 주장이라 할 수 있다.[3] 하지만 대학들이 자본주의 시장경제체제에서 살아남아야 한다는 절박한 현실적 요구를 거역할 수 없어 맥없이 그 큰 변화의 흐름에 순종하는 것이 오늘날의 현실이다. 이러한 환경 속에서 행해지는 교육은 자유롭고 주체적인 인간을 만들려는 것이 아니라, 니체가 말하는 '노예의 도덕', 한 걸음 더 나아가 자본주의에 의해 주도되는 '식민지 지배논리'에 순종하며 살아가도록 조장하는 것이란 생각이 든다.

사실 현대 사회를 살아가는 사람들에게 '주체적 인간'으로 살아가기를 요구하기란 쉽지 않다. 왜냐하면 현대 사회에서는 기능적으로 유능한 도구적 인간만 요구하고, 끊임없이 경쟁 구조 속으로 밀어 넣으며, 경쟁하지 않으면 하루도 살아남을 수 없게 만들기 때문이다. 지금 젊은 층에서는 무한경쟁체제에 있는 대한민국을 '헬조선'이라는 자조적인 말로 표현한다. 그 말은 아마도 경쟁에서 승리하지 않으면 살아남을 수 없는 지옥과 같은 사회, 이른바 일등만 알아주는 더러운 세상, 한마디로 그런 한국 사회에서 별로 살고 싶지도 않고, 산다고 해도 별로 재미있지 않다는 것을 단적으로 표현하는 것이리라.

또한 기계문명의 발달로 인해 인간의 하루는 이전보다 더 빠른 속

---

3 얼마 전 경기도 한 시골 마을을 지나가는데, 동네 어느 집안의 자녀가 서울의 명문대에 입학했다는 현수막이 걸려 있었다. 국회의 '최순실 국정농단 청문회'에 증인으로 불려나와 진술하고 있는 이른바 고위 관료나 대학교수들도 한때는 현수막이 걸릴 정도로 한 지역 사회와 집안의 자랑거리였을 것이다. 그랬던 그들이 왜 이렇게 되었을까? 그것은 바로 시대에 뒤떨어진 한가한 놀음으로 치부해버린 진정한 의미의 인문학 교육이 부재한 결과가 아닐까. 그들의 마음속에는 오직 어떤 고위직에 오르려는 출세 욕망은 있었는지 모르지만, 그 직위가 갖는 책임과 직업윤리에 대한 생각은 별로 없었던 것 같다. 우리가 사람답게 살아가려고 한다면, 교육을 통해 자신의 양심의 소리를 항상 들을 수 있는 반성의 능력을 길러야 하고, 남과 더불어 살려는 깨어 있는 마음이 매 순간 작동할 수 있도록 해야 한다. 그래서 교육의 내용에 있어서 지식교육과 아울러 인격 완성을 위한 인성교육도 중요한 의미를 갖는 것이다.

도로 움직이고, 많은 활동을 요구하고 있다. 그리고 끊임없이 쏟아져 나오는 정보와 광고 속에서 더 많은 욕구의 창출과 소비를 촉진하도록 강요받고 있다. 그 속에서 인간들은 단지 소비를 통해 삶의 만족을 충족시키는 이른바 '소비의 주체'로 전락된 느낌이다. 얼마나 소비하느냐가 얼마나 행복한가의 척도로 작용하고, 소비할 수 있는 능력에 비례해 마치 인격도 더불어 올라가는 것처럼 선전되고 인식되기도 한다. 그래서 우리는 끊임없이 행복을 추구해야만 하고, 행복을 찾도록 강요당하며, 행복으로 인해 스트레스를 받고 있다. 우리가 추구하는 그 '행복'이 인간들 간의 상대적 빈곤감을 끊임없이 조장하고, 그것을 통해 곧바로 소비로 연결되도록 하는 산업 자본주의의 산물임을 많은 사람이 의식하지 못하고 있는 것 같다.

'헬조선'이라고 일컬어지는 무한경쟁의 열악한 사회적 환경을 개선하고, 그와 아울러 인간의 존엄한 가치를 회복하는 것이 우리가 당면한 과제라고 할 것이다. 그 변화의 단초를 어디에서 찾을 것인가? 노자는 "멈춤을 알면 위태하지 않고, 만족함을 알면 욕되지 않는다(知止不殆 知足不辱)"라고 하였다. 물질적 욕망 충족을 위한 자본주의의 도도한 흐름을 멈추고, 새로운 삶의 방향을 모색하는 것은 인간들의 의지에 호소할 수밖에 없다. 삶에 대한 가치관의 전환이 선행되지 않는다면, 우리는 늘 자본주의 소비문화라는 큰 흐름에 휩쓸려 파편화된 개인으로 전락할 수밖에 없다. 왜곡된 자본주의의 큰 흐름에 맞설 수 있는 주체적 자아 회복이 절실하게 요구되고 있다. 그래서 우리는 사회에 만연해 있는 '승자독식의 논리'를 완화하고,

남과 더불어 사는 사회를 실현하는 방향으로 교육 내용을 전환하려는 용기와 결단이 필요한 시점에 서 있다고 할 것이다.

이러한 전환을 위해 우선 요구되는 것은 마음속에 '공정성'을 회복하는 것이다. 부당한 방법을 거부하고 보다 공정한 삶의 원칙을 준수하려는 의지, 그리고 더불어 사는 삶의 가치를 실현하려는 '깨어 있는 마음'의 회복 없이는 개인적 삶의 변화와 사회적 개혁을 이룰 수 없다. 그래서 공자도 "부귀(富貴)는 사람들이 원하는 것이지만 정당한 방법으로 얻은 것이 아니라면 거기에 머물지 말아야 한다. 가난과 천함은 사람들이 싫어하는 것이지만 정당한 방법으로 벗어나지 못하면 그것을 떠나지 않는다"라고 말한 것이다. 공자는 부귀를 얻는 것과 마찬가지로 가난에서 벗어나는 것도 '공정성'의 원칙을 따라야 한다고 강조한다. 우리의 마음속에 옳고 그름을 따져 물을 수 있는 '깨어 있는 마음'이 없으면, 우리는 언제나 편법을 동원해 쉽게 자신만의 이익을 추구하게 되고, 사회적 공익을 저버리는 행위를 선택하게 될 것이다.

우리 사회는 공교육의 장보다는 사교육 시장이 더 힘을 발휘하고 있다. 이렇게 공교육을 저버리고 사교육에 목을 매다는 것 역시 어떠한 편법을 동원해서라도 자기 자식만 잘되고 보자는 부모들의 왜곡된 욕심과 욕망의 한 표현이라고 볼 수 있다. 우리가 직면하고 있는 무한경쟁으로 인해 왜곡된 삶에서 새로운 방향을 모색하기 위해서는 이런 왜곡된 욕망을 내려놓아야 한다. 이러한 공정성의 원칙을 회복하는 것이 곧 황폐화된 교육 현장을 개선하는 첫걸음이 될 것이다. 또한 우리의 교육이 부모들의 왜곡된 욕망에서 독립되어야 비로소 정상 궤도로 올라서는 출발점을 마련하게 될 것이다.

가정교육의 회복

대한민국에서는 초·중·고등학교 학생이 어른들보다 더 바쁘다. 학교 수업이 끝난 다음에는 방과 후 학습이 이어지고, 또다시 학원 등을 옮겨 다니면서 바쁘게 살고 있다. 가족이 함께 모여 식사할 시간도 여의치 않다. 무엇을 위해 학교와 학원을 이처럼 바쁘게 맴도는가? 앞에서 언급한 것처럼 경쟁사회에서 승리하기 위한 방법을 배우고, 도구를 획득하기 위한 몸부림이라고 할 것이다. 최근에 줄넘기도 과외를 통해 배운다는 소식을 접하고 쓴웃음을 지은 적이 있다. 대학입시에 필요하다고 생각되면, 남보다 앞서 뭔가 해야 된다는 생각에 사교육을 동원해 선점하려고 발 빠르게 움직이는 것이다.

또한 더 나은 교육환경에서 자녀들을 교육시켜야 한다는 생각에 경제적 부담을 감수하면서까지 자녀들을 외국에 유학 보내거나, 어린 자녀와 부인을 함께 외국에 유학 보내고 혼자 남아 학비와 생활비를 벌기 위해 열심히 일하는 이른바 '기러기 아빠'를 흔하게 볼 수 있다. 자녀의 교육을 위해 자발적으로 가족의 해체를 감행하고 있는 것이다. 우리는 가족마저 미래의 보다 나은 삶이란 이름 아래 왜곡된 욕망의 희생물로 전락시켜왔다. 아이들이 더불어 사는 삶의 가치를 배울 기회가 점차 줄어들고 있는 것이다.

성장기 아이들에게는 가족의 품이 무척 중요하다. 인간의 기본적인 인성은 유년기에 대부분 형성된다고 보아도 무방할 것이다. 아이들은 가정 내에서 가족을 통해 기본적인 인간관계와 정서적 안정을 도모하고, 더불어 사는 삶의 가치를 배운다. 그러므로 태어나 처음 교육을 받는 곳이 가정이라고 할 것이다. 과거 어린아이 교육의 교재라 할 수 있는 『소학』을 보면, 교육의 시작을 마당 쓸고, 주변정리하고, 손님 응대하는 것부터라고 하였다. 부모는 자녀들에게 지식을 먼저 가르치는 것이 아니라, 스스로 자율적으로 일을 처리할 수 있는 자세와 주위 사람들을 배려할 줄 아는 기본적인 심성을 기르도록 가르쳐왔다. 또한 밥상머리 교육이라고 하여 식사 예절부터 평소의 행동거지까지 가정에서 부모로부터 많은 가르침을 받고 잘못된 습관들을 고쳐왔다.

그런데 요즘 부모들은 식당 등 공공장소에서 아이들이 난동에 가까울 정도로 설치고 다녀도 아이들이 기 죽는다는 이유 등을 들어 잘 제지하지 않는다. 그래서 우리 주변에 지적으로 똑똑한 아이들은 많은데, 남을 배려하고 존중할 줄 아는 아이는 상대적으로 적은 것 같다. 부모들이 자녀들의 교육에서 관심을 가지는 분야는 학교 성적뿐인 듯하다. 좋은 성적을 받아오면 모든 것이 용서된다는 식이다.

그러나 현실적으로 이젠 우리 가정에서 자녀들에게 이른바 밥상머리 교육을 실시할 기회조차 없을지도 모른다. 아이들은 학교와 학원을 전전하느라 바쁘고, 부모들은 사교육비를 마련하려고 부지런히 뛰어다닌다. 그러다보니 부모와 자녀가 서로 마주할 시간이 실제로 그리 많지 않다. 자녀들은 대학입시의 중압감으로 인해 고달픈 시간을 보내고, 부모는 부모대로 경제적인 압박감으로 인해 힘든 생활을 영위해나가고 있다. 양쪽 다 이렇게 사는 것이 제대로 사는 것일까란 탄식을 절로 내뱉는다. 그럼에도 불구하고 다람쥐 쳇바퀴 돌듯 하는 삶을 멈출 수가 없다. 왜냐하면 멈추는 순간, 이 거대한 조직에서 도태될지도 모르기 때문이다.

가정에서 포기하디시피 한 인성교육을 국가가 나서서 제대로 된 교육을 실시하겠다는 취지에서 마련된 '인성교육진흥법'이 2016년 국회에서 통과되었다. 황폐화되어가는 학생들의 '인성'을 학교라는 교육기관과 전문화된 인성교육기관을 통해 체계적으로 교육해 올바른 인성을 갖춘 건전한 시민을 길러내겠다는 야심 찬 기획이 현실화되는 과정에 있다. 그렇지만 이러한 도에 찬동하지 않는 많은 학자는 '인성교육진흥법' 그 자체에 대해 상당한 우려를 표명하고 있다. 왜냐하면 인성교육은 지식교육과 같은 방법을 통해 얻어지는 것이 아니라, 구체적 삶의 현장에서 도덕적 실천을 통해 함양되는 것이기 때문이다. 인성교육이 또 하나의 교과목으로 자리 잡고, 대학 입시에 반영되는 과정을 밟게 되면, 인성교육도 단순한 지적 훈련을 통한 입시 과목으로 전락할 위험이 높다. 인성교육 과목의 성적이 우수한 학생이 곧 좋은 인성과 인품을 갖추었다고 할 수는 없을 것이다.

또한 과거 독재정권 시절 국가 주도로 '국민교육헌장'을 만들어 국민들을 하나의 이념 체계로 묶으려는 시도에서 볼 수 있듯이, 국가가 인성교육의 방향을 주도함으로써 인성교육이 정권의 이념에 맞춰 획일화되는 위험성도 가지고 있다. 인성교육은 단순히 기술과 과학 지식을 쌓는 것과 같은 문제가 아니라, 한 인간의 전체적인 삶을 걸고 벌이는 마음의 수양에 관한 일이라고 할 수 있다. 그러므로 학교기관이나 인성교육기관을 통해 몇 시간 수업을 이수한 것을 가지고 인성교육의 성과를 논하는 것은 어불성설이라고 할 수 있다. 교육에 있어서 가정의 역할이 빠져버리고, 오로지 사회에만 그 책임과 역할을 맡겨둘 수는 없다.

이 땅에서 행해지는 교육이 다시금 제자리를 찾기 위해서는 먼저 부모 스스로 진정한 삶의 가치를 어디에 두고 있는지 물어야 한다. 또한 어떤 가치관 아래에서 자녀를 키우고 있는지 돌아보아야 한다. 부모의 삶의 태도와 가치관은 아이들이 자기 행동 방향을 결정하는 기준이 될 뿐 아니라 이정표 역할을 한다. 길을 갈 때 정확한 이정표를 만나면 목적지에 순조롭게 도달할 수 있지만, 잘못된 이정표를 만나면 길을 잃고 헤매는 것은 당연한 이치이다. 좋은 가치관을 가진 부모 아래서는 자녀가 바르게 성장할 가능성이 높다. 부모가 아이들에게 말로 무엇을 가르치려고 하기보다 자기에게 주어진 삶을 보다 충실히 살아가는 것이야말로 아이들에게 좋은 모범이 되고, 실질적인 교육이 될 것이다. 그래서 학교에서 이루어지는 사회화 교육에 앞서 가정에서 이루어지는 인성교육의 중요성을 언제나 강조하는 것이리라. 『중용』에서도 "군자의 도는 부부에서 실마리를 지으니, 그 지극함에 미치어서는 천지에 나타난다"라고 말하고 있다. 인간의 도리를 실현하는 그 출발점이 바로 부부에게 있음을 강조하고 있다. 부부가 서로 이해하고 존중하는 태도를 가지고 생활하는 가정에서는 아이들이 보다 안정적으로 성장할 가능성이 높다.

하지만 지금 한국의 교육에서는 가정교육이 거의 실종되었다고 할 만큼 위험한 수준에 접어들었다. 여러 가지 요인이 있겠지만, 그 중 하나로 부모들의 삶에 대한 가치관 부재를 들 수 있다. 누구나 사람답게 살고 싶다고 말한다. 그러나 사람답게 산다는 것은 일정한 정도의 부와 무시당하지 않을 정도의 사회적 지위를 가져야 하는 것으로 생각되는 경우가 많다. 삶의 가치를 경제적 조건과 사회적 지위 획득에만 두기 때문일 것이다. 그래서 무시당하지 않고 상대적으로 우월한 지위를 점하기 위해 무한경쟁에 뛰어들어 자신의 모든 정력을 소모하는 것이다. 경제적 측면에서 보면, 이른바 아파트 평수나 집의 외형적 크기를 넓히는 것에 일생을 소모하고 있다고 해도 과언이 아니다.

이러한 물질적 조건만 충족하려는 왜곡된 욕망의 근저에는 남보다 우월해지려는 권위의식이 숨어 있다. 가진 만큼 대접받기를 원하고, 그로 인해 사회적 불평등을 당연한 것으로 받아들이는 경우가 종종 있다. 이런 왜곡된 욕망 앞에서 인간들이 가져야 할 기본적인 삶의 품위나 도덕은 언제나 뒤로 밀리게 마련이다. 사회에서 자신의 권력과 지위를 어떻게 확보할 것인가 고민하는 자존심과 자부심에 대한 생각은 있을지언정, 자기 존중감과 동시에 타인을 배려하려는 생각은 사람들 마음속에 자리 잡고 있지 않은 것 같다. 이러한 부모 세대의 삶에 대한 태도가 그대로 자식 세대로 이어져 이전보다 더 심각한 경쟁 구도를 만들어가고 있는 것이다.

교육기회 균등과 약자 배려 사회

미국 '독립선언문'에는 "모든 인간은 평등하게 태어났다"라는 말이 있다. 그러나 실제로 우리가 살아가는 세상을 살펴보면, 저마다 키, 얼굴 모양, 피부색 등이 다르고, 지능·성격·적성도 동일하지 않다. 그럼에도 인간이 평등하게 태어났다고 강조하는 것은, 이러한 차이에도 불구하고 차별 없이 평등하게 대우해야 한다는 인간의 존엄성에 대한 선언적 의미를 지닌다고 할 수 있다.

하지만 현실적으로 태어나면서부터 경제적 여건과 사회적 환경이 차이 나게 마련이다. 부모의 경제적 여건과 사회적 조건, 그리고 피부색 등을 비롯한 신체적 특성은 자신이 선택할 수 있는 것이 아니다. 자신이 선택하지 않은 이러한 조건에 의해 전체 삶의 방향이 결정된다면 개인적으로나 사회적으로 불행한 일이 아닐 수 없다. 이러한 차이를 어떻게 최소화할 것인가 하는 것이 우리의 과제라고 할 것이다.

좋은 사회, 건강한 사회를 평가하는 척도 중 하나가 사회적 약자에 대한 배려이다. 약자에 대한 배려 정도가 높은 사회일수록 건강한 사회라고 할 것이다. 이것이 더불어 살아가는 삶의 가치를 실현하는 길이다. 평등한 사회를 실현하기 위한 최소한의 기회는 균등하게 주어져야 한다.

최근 '금수저', '은수저', '동수저', '흙수저'라는 신조어가 널리 유행하고 있다. 부모의 자산 수준과 연간 수입 등에 따라 나누는 신계급론이라고 할 수 있다. 이것은 우리 사회가 직면하고 있는 양극화 문제를 그대로 반영한 말일 것이다. 이른바 "개천에서 용 난다"라는 말이 현실적으로 점차 더 어려워지고 있다. 부모의 경제적 배경이나 사회적 지위가 곧 자식들의 삶의 방향과 질을 결정하는 절대적 요인으로 작용하는 경우가 더욱 많아진다는 것이다. 부의 대물림과 가난의 대물림이 이어져 불평등한 사회가 고착되는 것이다. 그에 따라 교육에서도 대물림 현상이 심각하게 나타나고 있다.

교육기회의 균등이라는 문제는 교육이 인간평등사상을 실현할 수 있는 수단이 될 수 있다는 가정에서 출발하고 있다. 교육기회의 균등이란 원칙은 기본적·사회적으로 불평등한 제 조건을 교육기회를 통해 평등한 상태로 만들려는 동기에서 나온 개념이다. 말하자면 교육기회의 균등은 개인이 타고난 재능과 관련된 개념이 아니라, 개인의 성장과 발달을 조건 짓는 환경적 영향을 통제하고자 하는 개념이다. 인간의 학습 능력은 유전적인 요인(지능)도 작용하지만, 환경적 요인과의 상호작용적 산물이다. 환경적 조건이 균등하지 않으면 학습 능력도 균등하게 개발될 수 없다. 교육기회의 균등사상은 평등하지 않았던 환경적 조건을 가능한 한 균등하게 함으로써, 즉 능력 개발 기회를 균등하게 함으로써 장차 사회에서 공정한 경쟁에 참여할 수 있도록 하자는 것이다.

삶의 출발선상에서 자기실현을 위한 기회가 동일하게 주어지는 것이 건강한 사회를 실현하기 위한 최소한의 기본 요건이라 할 것이다. 우리나라 '교육기본법'에도 "모든 국민은 성별, 종교, 신념, 사회적 신분, 경제적 지위 또는 신체적 조건을 이유로 교육에 있어서 차별을 받지 아니한다"라고 명시되어 있다. 우리나라에서 교육기회의 균등원칙하에서 외형적인 교육 재원의 투입은 어느 정도 평등하게 지원되고 있지만, 교육의 질 측면에서 아직도 남녀 간, 사회계층별, 개인별 교육 격차가 심각한 실정이다.

실제로 지금 우리 사회는 지역과 계층 간의 격차가 과거에 비해 점차 심화되고 고착화되어가고 있다. 이른바 강남 8학군 학생들이 받는 교육의 질과 다른 지역 학생들이 받는 교육의 질이 상상할 수 없을 정도로 차이가 나고, 이른바 명문대 진학률에 있어서도 상당한 격차를 보이고 있다. 또한 고교 평준화로 인한 학력 저하를 극복한다는 명분하에 이른바 자율형 사립고, 특목고 등이 생겨나면서, 일반 인문계 고등학교의 교육이 무너지고 있다는 보도가 줄을 잇고 있다. 왜냐하면 성적이 우수한 학생들이 특목고 등으로 빠져나가, 인문계 고등학교의 학력저하 현상이 급격히 일어나기 때문이다. 우리의 당면 과제는 사회적으로 평등한 대우를 받아야 한다는 것과 아울러 수월성의 원칙에 따라 개인의 선택의 자유를 존중해야 한다는 주장이 어떻게 조화를 이룰 것인가 하는 점이다.

우리나라 헌법 제31조 1항에 "모든 국민은 능력에 따라 균등하게 교육을 받을 권리를 가진다"라고 하여 교육받을 수 있는 권리를 보장하고 있다. 개인이 받을 수 있는 교육의 양과 종류는 자신의 능력에 달려 있다고 믿으며, 개인의 능력은 사람마다 차이가 있기 때문에 교육기회도 자신의 능력에 달려 있다고 보는 것은 기본적으로 이의가 있을 수 없다. 우리가 원하는 사회는 다양성을 추구하면서도 각자의 취향에 맞는 생활을 하고, 응분의 대가를 받기를 바라며, 모든 면에서 획일적으로 대우받기를 원하는 사회가 아니다. 같은 것은 같게, 다른 것은 다르게 취급해야 한다는 것이 구체적 평등을 이루는 길이라고 할 수 있다. 이러한 구체적 평등을 유지할 수 있는 것은 공정성의 원리에 기초할 때 가능하다. 공정하다는 것은 모든 사람을 기준 없이 산술적으로 똑같이 다룬다는 의미가 아니다. 공정성의 원리란 정당한 이유가 있을 때는 오히려 그 상황에 맞게 차별적 대우를 하는 것을 말한다. 예를 들어 신체적 약자에게는 건강한 사람에게 적용하는 원리와 달리 그의 환경에 상응하는 특별한 대우를 하는 것이 더 합리적이다.

교육의 궁극적 목적은 더불어 사는 삶의 가치를 실현하는 길을 열어주는 것이다. 지금과 같은 승자독식의 논리로는 사회적 불평등만 조장할 뿐 우리 사회의 건강한 발전을 기약할 수 없다. 우리는 교육혁명을 외치기 전에 공정성의 원리를 기르기 위한 가치관의 전환이 우선 요구된다. 교육기회 균등의 실현도 타자에 대한 배려와 존중의 정신에 기초할 때 가능한 것이다.

4. 학문의 자율성
: 교육 현장에서의 자율성 부여

 이동용 희망철학연구소 철학 교수

배우는 기쁨

인간은 배우는 존재다. 이런 인식에는 동서고금을 막론하고 공감한다. 공자도 배움에 대한 인식으로 『논어』의 시작을 장식했다. "배우고 때때로 익히면 또한 기쁘지 아니한가!" 기쁜 삶, 행복한 삶이 목적이다. 아리스토텔레스도 행복을 위해 모방을 긍정적으로 평가했다. 모방은 배움의 다른 이름일 뿐이다.

　매일 배움으로 시간을 채워야 하는 것이 인생이다. 배움이 있는 곳에 기쁨이 있다. 배움이 행복한 삶을 결정한다는 것이다. 오로지 배워야 할 것을 제대로 배운 자만이 행복한 삶을 살 수 있다. 삶 속에서 배울 것을 찾지 못하는 자는 불행한 삶을 살 수밖에 없다. 하늘 아래 새로운 것을 보지 못하는 자가 어찌 설레는 마음을 이해할 수 있으랴. 그가 어찌 사랑의 힘을 알 수 있으랴.

하지만 무엇을 배울 것인가? 그것이 문제다. 놀 수만 있으면 하루 종일이라도 놀 수 있는 게 인간이다. 그런데 정답을 정해놓고 배우라고 윽박지르면 10분도 견디기 힘든 게 또한 인간이다. 이런 상황에서 하는 말은 아무리 포장을 잘 해놓아도 잔소리로 들릴 뿐이다. 선을 그어놓고 그 안에서만 놀라고 요구하면 답답함은 극으로 치닫는다. 하기 싫어 죽겠다고 말하기도 한다. 언제부턴가 학교는 이런 선을 그어놓고 살벌한 무한 경쟁을 종용하는 곳이 되어버렸다. 언제부턴가 학교는 성공 이데올로기에 이바지하는 기관으로 전락하고 말았다. 돈 잘 버는 인간으로 거듭나는 것이 인류의 발전단계 중 마지막 단계라고 자부하는 자본주의의 중생(重生) 이론이 된 듯하다. 기업이 요구하는 인재를 배출하는 것을 교육의 목표로 삼고 있는 것처럼 보이기도 한다. 큰 학교(대학교)만 있고 큰 학문은 없다.

1997년, IMF를 겪으면서 대한민국은 돈의 위력을 목도했다. 돈이 없으면 어떤 일이 벌어지는지 눈으로 똑똑히 보았다. 돈이 없으면 불행한 삶을 살 수밖에 없다는 것을 배운 것이다. 인문학의 위기를 당연한 것으로 받아들였다. 구조조정도 운명처럼 인식되었다. 돈을 벌어주지 않는 것은 그것이 무엇이 되었든 간에 퇴출 대상이 되었다. 조직에 이익이 되지 못하는 자들은 스스로 알아서 명퇴(명예퇴직)를 자처해야 했다. 모두가 그래야 마땅하다고 판단했다. 알아서 도태되어주는 것이다. 대의를 위해 개인의 뜻쯤은 희생을 감당해야 했다. 어느 순간 "부자 되세요~"가 덕담으로 자리 잡았다. "대박나세요~"가 응원의 목소리로 변질되었다. 힘에 부치는 자에게 각성제까지 쥐가며 "힘내라! 잘될 거야!"라고 부추겼다. 끊임없이 성공 신화를 떠올리게 하며 쓰러질 때까지 채찍질해댔다.

왜 학교에 다녀야 하는가? 왜 열심히 공부해야 하는가? 이런 질문 앞에 우리의 젊은이들은 돈부터 생각해낸다. 돈으로부터 자유롭지 못하다. 모든 생각은 결국 돈이라는 우물 속에 빠지고 만다. 블랙홀과도 같다. 이런 천편일률적인 교육환경 속에서 배움을 실천하고 있다. 입시지옥을 거쳐 취업지옥을 걷고 있다. 취업만 바라보며 달리는 눈에는 취업 외에 아무것도 위로가 되지 못한다. 연봉이 일정 수준 이상 되지 않는 직장은 진정한 일터로 간주하지도 않는다. 취직 못한 인생은 기도 펴지 못하게 만들어놓았다. 물론 부자 되는 것 자체를 탓하는 것은 아니다. 그것을 문제 삼는다면 어리석은 짓이다. 돈 자체가 문제가 되는 것도 아니다. 그것을 싸고도는 생각들이 문제일 뿐이다.

카프카는 눈을 뜨자마자 출근을 생각하는 인간을 벌레로 만들어놓았다. '변신'은 현대인의 문제다. 생각 속에 자리 잡은 출근 욕구가 사람을 이렇게 만든 것이다. 출근이 사는 목적이 되어버린 인생은 벌레만도 못한 것이다. 이제 차분히 앉아 자기 인생을 성찰할 때가 된 것이다. 공부가 힘든 세상에서 공부에 대해 고민할 때가 된 것이다. 아무리 좋은 지도를 손에 쥐고 있어도 현 위치를 파악하지 못하면 아무 데도 가지 못한다. 방향감각을 상실하고 말았기 때문이다. 먼 여행을 떠나기 전에 해야 할 일은 현 위치에 대한 인식이다. 지금 우리는 무슨 생각으로 살아가고 있는가? 또 그런 생각이 어떤 삶을 살아가게 하고 있는가? 자기 삶을 되돌아볼 시간이 된 것이다.

각오해야 한다. 자기 안에 괴물이 살고 있는지도 모르기 때문이다. 미궁 안에는 예상치 못한 끔찍한 놈이 기다리고 있을지도 모른다. 자기 생각이라고 자처하는 그 괴물과 맞닥뜨렸을 때 목숨을 건 일전이 치러져야 한다. 자기 의지의 탈을 쓴 그 괴물과 마주서기 위해서는 용기도 필요하다. 치명적인 상처를 입을 수도 있기 때문이다. 상대는 자기 자신이기 때문이다. 약점을 가장 잘 아는 자기 자신이 적이기 때문이다. 학교에서 배운 것을 최고의 가치로 알고 최선을 다한 인생일수록 그 위험부담은 더욱 커진다. 콩깍지가 벗겨지고 나면 모든 게 새롭게 보인다. 절벽 앞에 서 있는 듯한 기분이 들 수도 있다. 하지만 거기까지 가는 것도 문제다. 태어나면서부터 남의 생각과 의지로 살아온 자는 수많은 벽 속에 갇혀 있기 때문이다. 자기 삶에서 미궁만 인식할 뿐이다. 출구가 없다. 빛도 없다. 깜깜하다. 눈을 뜨고도 볼 수가 없다. 길이 있어도 답답하기만 하다. 저 길 뒤에 또 어떤 막다른 골목이 있을지 몰라 머뭇거리고만 있다.

학파가 없다

프랑크푸르트학파, 마부르크학파, 심지어 바이로이트학파도 있다. 이것은 유학 시절 자주 듣던 학파의 이름들이다. 하나의 학파를 만들어가기 위해 지도교수와 제자들은 모두 한 목소리로 힘을 합친다. 이 한 목소리는 자의(自意)에 의해 모인 것이다. 싫으면 다른 학파로 떠나면 된다. 학교를 옮기는 것은 자유다. 누구에게나 대학의 문은 열려 있다. 대학까지 공교육으로 이루어지는 독일이라는 나라의 모습이다. 자발적으로 공부를 하겠다는데 누가 막으랴! 그 정도는 나라가 책임지겠다는 것이다. 부럽기만 하다. 하지만 그 지도교수에게서 인정받고 학위를 받고 싶으면 그의 이념을 따라야 한다. 자유와 구속의 절묘한 줄타기가 학문인 것처럼 보인다.

경쟁도 남다르다. 학파들 사이의 경쟁이 공공연하다. 비판 자체가 학문을 형성해간다. 하지만 다른 학파보다 더 나은 이론을 내놓기 위해 힘을 합쳐 노력하는 모습이 아름답게만 보인다. 학문 자체가 마치 각자 맡은 분야에서 최선을 다해 불러대는 합창 같다. 조화로운 합일이라고 할까. 모두가 자신의 논문으로 거들고 있다. 동료의 논문 발표는 각자의 연구에도 영향을 끼친다. 제자들은 자연스럽게 모이고 생각을 모은다. 서로에게서 허점을 발견하고 보완하기를 거듭하면서 함께 성장해간다. 모두가 그런 것은 아니지만 그래도 선의의 경쟁이 지배적이다.

대학 강단에 선 지 18년이 다 돼간다. 가르침의 길을 걸어온 시간이다. 유학을 마치고 고국에 돌아왔을 때는 적응하는 게 우선이었다. 어느 술자리에서 "저 학생 이름이 뭐냐?" 하고 물었더니 "젠 왕따예요!"가 대답이었다. 또 다른 학생의 이름은 '새내기'였다. 저 학생은 왕따! 저 학생은 새내기! 하며 이름을 외웠던 기억이 난다. 성이 왕씨인 걸 보니 중국 출신인가보다 했다. 그런데 새 씨는 좀 낯서네. 이렇게만 생각하며 적응하기에 여념이 없었다. 로마에 가면 로마법을 따라야 하듯이 대한민국에 왔으면 이곳의 법을 따라야 했기 때문이다. 눈치가 빨라야 했고 줄서기를 잘해야 했다. 눈치가 없어이리 치이고 저리 치였다. 줄서기를 잘못해서 썩은 동아줄을 잡기도했다. 이게 모두 운명이겠거니 하고 견디며 살아왔다.

마음 놓고 말을 할 수 없어서 슬프다. 위계질서가 가져다준 불편함이다. 여기저기서 맘대로 말하며 살라고 외쳐대지만 막상 그렇게하려니 주눅이 든다. 아무도 맘대로 사는 인생을 곱게 봐주지 않을것이기 때문이다. 아직 '도덕'이란 말을 들으면 좋은 것만 떠올리는나라가 아니던가. 도덕적이란 개념에서 떠올리는 것은 긍정적인 것에만 국한되어 있다는 얘기다. 학문은 마치 공장에서 찍어낸 이론같기만 하다. 다른 이론은 용납이 안 된다. 남북으로 갈라진 나라에서만 나올 수 있는 독특한 진리가 판을 친다.

학파가 없는 학교가 정상인가? 대놓고 묻고 싶지만 모두가 낯설어하는 질문이어서 조심스럽기만 하다. "그게 있어야 하나?" 반문하는 소리가 귀찮은 모깃소리처럼 귓가에 윙윙댄다. "학교가 있는데 무슨 말이 많으냐"고 윽박지르는 소리도 들려온다. "니나 잘하

라"는 핀잔 소리도 가세한다. "말 잘 들으라"는 조언도 빠지지 않는
다. 양심의 가책을 느끼는 중이다. 좋은 마음이 좋게 느껴지지 않는
다. 양심이 병든 것일까. 18년! 욕이 나온다. 마음이 아파서다.

학교에서는 선생들이 가르침을 펼친다. 모든 선생은 제자를 가르
치며 보람을 얻는다. 선생 주위로 제자들이 모이는 것은 당연하다.
이들이 모이고 모여 학파에 기반을 둔 하나의 이론을 엮어나간다.
참 이상적인 소리다. 현실은 전혀 다른 모습이기 때문이다. 취직 못
시켜주는 선생은 선생 자격도 없다. 존경이란 소리는 남의 나라 이
야기가 된 듯하다. "스승을 존경하라!" 이 말에 감정이 동하는 사람
은 이제 아무도 없다. 물론 개인의 취향은 있겠지만 말이다.

고대에도 학교가 있었다. 플라톤의 아카데미, 아리스토텔레스의
페리파토스(소요학파), 제논의 스토아, 에피쿠로스의 케포스(정원), 이
것이 고대에 형성된 최초의 학교로 간주되고 있다. 서로 다른 시대
에 탄생한 것이긴 하지만 후손들은 각 학파의 이념을 존중해준다.
이상의 가치도 인정하고 현실적 경험을 존중하기도 한다. 우주론적
자연 섭리를 따르기도 하고 내면이 들려주는 욕망의 소리에 귀를
기울이기도 한다. 각자 자신이 좋아하는 이론에 헌신하면서 학문의
길을 걷고 있는 것이다.

토론이 없다

사랑을 색으로 표현하면 어떤 색일까? 빨간색? 그건 너무 통속적이다. 파란색? 그건 너무 낭만적이다. 초록색? 그건 너무 친환경적이다. 노란색? 그건 너무 튄다. 사랑은 누구나 할 수 있지만 자기만의 경험이라는 한계를 지닌다. 사랑은 늘 환상처럼 낭만적이거나 망상처럼 비현실적일 때가 더 많다. 사랑은 가정을 일궈내고 자녀를 낳은 일로 간주하기엔 덩어리가 너무 큰 어떤 것이다. 사랑은 순수하기도 하지만 때로는 깊은 상처를 남기는 위험한 장난처럼 보일 때도 있다. 물론 모든 색은 사랑의 색으로 간주될 수 있다. 그럴 만한 이유를 갖다 대고 거기에 적합한 설명만 내놓으면 되는 것이다. 사랑은 하얀색도 될 수 있고 까만색도 될 수 있다. 사랑이 어느 하나의 색으로 규정되어야 한다는 법은 없다.

어떤 제자와 미술관 산책을 간 적이 있다. 그 제자가 한 동양화 앞에서 느닷없이 질문을 던졌다. "이 소나무는 왜 여기 있죠?" 참으로 기발한 질문이었다. 정신은 대답을 듣고 싶은 욕망 속에서 성숙해져 갔다. 소나무는 아무것도 없는 비탈진 곳에 홀로 버티고 서 있었다. 이리저리 비틀어진 몸통에서는 세월의 흔적을 느낄 수도 있었다. 존재에 대한 질문은 수많은 꼬리를 물고 또 다른 질문으로 이어졌다. 아무도 없는 곳에서. 왜 그래야 할까? 왜 그렇게 살아야 했을까? 화가는 어떤 마음으로 그려냈을까? 제자는 스스로 질문의 영역을 넓혀갔다. 졸업 후 그 제자는 어느 미술잡지 기자가 되었고, 몇 년 후

연봉을 공개하지 않는 커다란 회사로 입사하는 쾌거를 일궈냈다.

그런데 모두가 이렇게 톡톡 튀는 질문을 해내지는 못하는 게 현재의 실정이다. 바그너의 음악을 강의하는 자리에서 입을 연다. "바그너의 음악은 사랑이 주제입니다. 사랑을 표현하는 음악은 어떤 소리를 낼까요? 사랑의 절정은 어떤 소리로 표현이 가능할까요?" 물론 질문이 너무 막연하기도 하다. 아무도 대답을 하지 않는다. "누가 자신의 연애 경험을 얘기해줄 수 있나요?" 또다시 아무도 나서지 않는다. 모두가 변태라는 말을 들을까봐 조심하는 것이다. 사랑은 선악을 넘어선 영역에서만 이루어지기 때문이다. 모두가 '나는 도덕적'이라는 가면 뒤에 숨어 있을 뿐이다. 숨바꼭질 놀이에서처럼 들키지 않으려 안달이다.

이성적 교육을 받은 학생들은 말하기 전에 검열의지부터 발동시킨다. 전제정치에 익숙한 정신은 무엇이 이성적인 것인지 잘 알고 있기 때문이다. '이런 말을 해도 되는 것일까?' 하고 자신의 생각에 이성적 잣대를 들이대는 것이다. 그리고 최선이라고 생각되는 정답을 찾으려 한다. 정답에 익숙한 정신은 그렇게 정답을 향해 나아간다. 하지만 그 어떤 정답도 자신이 정답이네 하고 장담하며 기다려주지 않는다. 그래서 말이 없다. 정답을 몰라서 할 말이 없는 것이다. "어렵습니다. 잘 모르겠습니다." 이런 게 정해놓은 대답인 것처럼 아무 생각 없이 내뱉는다. '모른다'는 항변으로 공을 선생의 손에 넘긴다. "난 모르니 네가 가르쳐라." 이것이다. "내가 모르는 것은 네 책임이다"라고 외쳐대는 것이나 다름없다. 또 "어렵다"는 말로 명검을 장착한다. 이 말로는 그 어떤 용가리도 때려죽일 수 있다. "이해가 안 된다"는 말보다 더 무서운 무기는 없기 때문이다. 남이 하는 말도 정답 같지 않아서 듣기 싫은 잔소리쯤으로 여겨질 뿐이다. 들어줄 가치를 찾지 못해 딴 짓을 하기도 한다. 주위는 산만해지고 만다. 아무도 어떤 의견에 귀를 기울여주지 않는다. 토론 수업의 현상이다.

사랑에는 정답이 없다. 정답이 있다면 그것은 구속된 사랑일 뿐이다. 자유로운 영혼이 경험하는 그런 사랑은 되지 못한다. 성스러운 입시 현장에서 사랑이 무엇인지 물을 수는 없다. 관심 밖의 일이 되고 만다. 꿈과 희망을 가지라고 얘기하지만 어떤 꿈과 어떤 희망이 있는지에 대해서는 말을 아낀다. 그 어떤 것도 정답이라는 확신을 가질 수 없기 때문이다. "그따위 생각으로 학생들을 현혹시키지 말라"는 말을 들을까봐 모두가 말조심하고 산다. 보이지 않는 가슴에 주홍글씨를 달고 산다.

생각하는 존재가 생각에 긍지가 없다. 무엇을 생각해야 하는지조차 누가 말해줘야 할 것처럼 행동한다. 일방적으로 밑줄 치라고 한 중요한 문장을 자신의 의견처럼 간주하며 입시라는 관문을 통과한 학생들은 의견을 상실한 존재가 되어 있다. 의견을 제대로 내놓지도 못하는 현실 속에서 제대로 된 교육을 기대할 수 있을까? 의견의 자유, 생각의 자유는 옛말이 되고 만 것일까? 아무도 자유를 원하지 않는다. 그저 포기를 선언하고 있을 뿐이다. 3포세대, 5포세대, N포세대 등으로, 포기 또한 진화를 거듭하고 있다.

시험이 있다

독일 유학 시절 제일 부러웠던 것은 시험이 없는 학교생활이었다. 학생들은 공부만 하면 된다. 자신이 원하는 공부를 선택해서 하면 되는 것이다. 물론 졸업하려면 시험관청에 가서 시험을 신청해야 한다. 또 시험을 신청하려면 전제되는 모든 요건을 갖추어야 한다. 즉 특정 과목들을 거쳐야 한다. 클라우주어(Klausuer)라고 불리는 시험도 쳐야 한다.

어쨌거나 관청에 가서 시험을 신청하고 나서부터 학생들은 마침내 수험생이 되는 것이다. 철저한 자기관리도 능력이 되는 시점이다. 이때부터는 함부로 시험을 연장할 수도 없다. 아프다는 이유는 시험 연장 이유가 되지 못한다. 수험생이 되면 학생들은 정말 죽을 듯이 공부를 해댄다. 시험에 대한 부담감도 이만저만이 아니다. 하지만 시험을 보기 싫으면 그저 배우기만 해도 된다. 아무도 그런 생활태도에 대해 이렇다 저렇다 훈수를 두지 않는다. 그것은 개인의 사생활이기 때문이다. 하지만 모두가 안다. 결국에는 시험을 봐야 한다는 사실을. 공부하는 인생을 끝내고 싶으면 말이다.

그래도 시험에 대한 부담은 없다. 선생도 학생도 시험이란 소리를 입 밖에 내지 않는다. 가르침과 배움에 집중하기만 하면 되는 것이다. 하나의 학기 수업을 진행하는 선생은 평가에 대한 부담 없이 가르칠 수 있어서 좋고, 배워야 하는 학생은 시험에 대한 부담감 없이 어려운 이론을 배울 수 있어서 좋다. "어렵다, 모르겠다"는 말은 나올 이유가 없다. 모르면 배우면 되는 것이고, 배움은 자기 몫이기 때문이다. 강의실은 거지가 와서 들을 수도 있도록 문이 활짝 열려 있다. 시작은 아무도 막지 않는다. 모르는 상황은 자기가 책을 제대로 읽지 않은 탓이기에 누구도 어리석은 말로 무식을 폭로하려 들지 않는다. '어렵다'는 말만큼 자기를 비하하는 말은 또 없기 때문이다.

그런데 우리의 사정은 좀 다르다. 학교는 입시를 준비하는 기관이 된다. 공부는 시험 준비의 동의어쯤으로 간주된다. "공부 다 했다"는 말이 있을 정도다. 어떻게 공부를 다 할 수 있을까? 말도 안 된다. 그런데 우리의 경우에는 있을 수 있는 말이다. 왜냐하면 시험공부에 치중해 있기 때문이다. 선생이 하라는 것을 다 했냐? 이것이 "숙제 다 했냐?"는 질문이 된다. 시킨 것을 다 했냐는 것이다. 공부 다 했냐는 질문은 학생들로 하여금 복종의식을 고취시키는 데 일조하고 있을 뿐이다. 한계를 넘어서는 창조적인 생각은 이들의 것이 아니다. 공부를 다 한 학생은 늘 그 정해진 틀 안에 갇혀 있기 때문이다. "다 했다!"를 외치는 자는 그저 의무방어만 치르고 있을 뿐이다. 가르치거나 관리 감독하는 자는 오로지 '다 했냐'만 묻고 있기 때문이다.

학생들은 끊임없는 시험을 통해 단련된다. 시험에 나온 질문이 제대로 되었는가가 사회적 이슈가 되기도 한다. 결국에는 평가를 해내야 하기 때문에 가급적이면 대답이 정확한 내용만을 가르치려고 한다. 애매모호한 사랑타령 따위는 교육의 내용이 되지 못한다. 정답이 없는 인생 이야기는 그저 심심풀이 정도의 가치로 전락하고 만다. 그것은 중요한 일이 아닌 것이다. 질문과 대답이 공식화되어 있는 그런 것만이 환영받는다. 때로 어떤 선생은 인문학은 과학적이지 않아서 학문도 아니라고 폄하한다. 그런 것은 구조조정을 당해야 마땅하다고 포악한 말을 해대기도 한다. 사회에 전혀 도움이 되지 않는다는 이유로. 솔직하게 말하면 시험에 적합하지 않다는 이유에서다. 인생에는 정답이 없기 때문이다.

대한민국 안에서 산다는 것은 시험이라는 관문을 견뎌내는 과정을 의미한다. 시험이 인생을 좌우한다. 시험 치는 날을 위해 건강을 잘 유지해야 한다. 인생이 걸린 날이기 때문이다. 그날은 아파서도 안 된다. 질병이 허락되지 않는 날이다. 그날 최상의 컨디션이 나와야 한다. 시험에 대한 스트레스는 상상을 초월하지만 대부분의 학생들은 그것 또한 적응하며 살아간다. 인간은 정말 적응하는 동물임에 틀림없다. 중간고사, 기말고사, 그것도 각 과목마다 치러진다. 한 학기에 통과해야 하는 시험의 관문은 셀 수도 없을 정도다. 그냥 공장의 컨베이어 벨트 위에 놓인 상품처럼 시험 앞으로 행진해간다. 시험 앞으로! 명령이 떨어진 듯 모두가 일사분란하다. 아무도 열외를 자처하지 않는다. 모두가 정상적으로 작동하는 상품으로 만들어졌는지 제품 검사를 받고자 한다. 자발적으로 시험을 받고자 한다. 때로는 돈을 지불하고 시험을 보기도 한다.

시험이 있는 상황에서는 정답이 정신을 지배한다. 정해진 문제의식이 인식의 기준으로 자리 잡는다. 정답이 아니면 거부한다. 정답을 유도해내지 못하는 애매모호한 질문은 잘못된 질문이다. 교육의 목적은 명명백백한 문제해독 능력과 확실한 정답을 찾는 것에 치중

한다. 교실에서는 오로지 정답만을 포용한다. 옳은 소리를 하려고 교육 현장에 내몰린 게 학생의 인생이다. 조금만 어려운 얘기를 하면 어렵다고 난리다. 그것이 시험에 나올까 걱정돼서다. "이거 시험에 나와요?"가 난무한다. 감당하기 어려운 내용이라고 판단되면 가차 없이 귀를 막아버린다. 그런 것을 배우면 결국 어려운 시험을 감당해내야 하는 결과를 초래하기 때문이다. 시험에 안 나온다고 말하면 그때서야 겨우 진정 국면에 들어선다. '나와 상관없다'는 것이 확실해지면 너그러워지는 것이다. 배움에 대한 부담이 없어서 들어주는 것이다. 정답에 대한 부담이 없어서 포용해주는 것일 뿐이다.

정답을 요구하는 시험에 익숙해진 정신은 어떤 생각을 하며 살아갈까? 답답하기만 하다. 나쁜 공기만이 정신 속을 가득 채우고 있다. 학생들은 이상향을 하나 갖고 있다. '시험 없는 세상'이 그곳이다. 아파트 옥상에서 몸을 던지는 어느 학생의 유서는 어김없이 이런 소리로 도배되어 있다. '어쩔 수 없다'는 말로 어른들은 책임을 회피한다. 그저 정신이 나약해서라고 잔인한 해석을 내놓기도 한다. 절벽에서 한 발자국 더 내디딜 때 그 학생은 자신의 의지를 발동시켰을까? 거기서 한 발자국 더 내딛게 한 의지는 과연 자기 자신의 의지일까? 살고 싶은데 살 수가 없어서 내딛는 그 간절한 한 발자국에 대한 질문이다. 한 발자국만 더 내딛지 않았어도 살 수 있는 세상인데, 그 한 발자국을 참지 못하게 하는 현실이기에 묻는 것이다.

대한민국은 시험공화국이다. 교수들조차 시험을 치르기에 여념이 없다. 자신의 개인적인 관심사보다는 학술진흥청 내지 한국연구

재단이라 불리는 국가기관에서 제공하는 연구비를 타려고 혈안이다. 연구 범위도 정해놓고 시합을 한다. 규격화된 지원서에 머리 처박고 연구 내용을 가시화하는 데만 주력한다. 성장이 멈춘 나무에 나뭇잎만 무성하게 채워놓는다. 보임 직하게 하는 데만 집중한다. 학자가 프로젝트 작성에 여념이 없다. 열심히 아니 최선을 다해 시험지를 작성하는 학생들의 모습이나 별반 다를 게 없다.

시시때때로 실시되는 교수에 대한 자격평가도 논문으로 하다보니 세월이 흘러줘야 하는 연구는 꿈도 못 꾼다. 20장 안팎의 글로 목숨을 연명한다. 학문의 정신은 짜깁기로 이루어진 옷을 갑옷처럼 차려입고 지식인이라 불리는 전사들을 몰고 간다. 연구 업적에 채워진 목록은 화려하기만 하다. 독재권력이 양산해낸 영웅들의 가슴에 매달아놓은 훈장들 같다. 도대체 몇 개야? 뭔가 달라 보이기는 하지만 자세히 들여다보면 틀에 박힌 듯 다 똑같다. 말은 잘 들을지 몰라도 사각의 링 위에서 정말 잘 싸울지는 아무도 장담할 수 없다.

또 강의실에서는 학생들의 취향에 맞는 강의를 선보여야 하는 게 교수들의 고심거리다. 결국에는 강의 평가를 받게 될 것이기 때문이다. 늘 '객관적'이라는 인식을 심어주어야 한다. 강의가 너무 주관적이라는 인상을 주면 안 되기 때문이다. 가끔은 왕 앞에서 재롱떠는 어릿광대 노릇도 해야 한다. 양심의 자유조차 구속받는 셈이다. 손님이 왕이다. 학생이 왕이다. 가끔 갑질하는 교수들이 대학가의 물을 흐려놓기는 하지만 그들은 대부분 정부로부터 연구비를 따낸 영웅들인 경우가 많다.

교과서가 있다

우리는 제4차 혁명시대에 살고 있다. 빅데이터 시대라고 난리들이다. 정보가 흘러넘치는 시대는 가고 아예 손아귀에 들어와 있다. 문제가 생기면 손바닥만 한 기계로 즉시 답을 찾을 수 있는 시대가 된 것이다. 길을 몰라서 찾아갈 수 없는 시대는 낭만이 있던 옛날 일이 됐다. 지식 자체가 권력을 의미하던 시대도 지나갔다. 이제 교육은 이 정보를 어떻게 다뤄야 하는지 가르치는 데 주력해야 할 때가 됐다. 정보를 이해하고 해석하는 능력을 키워주는 것이 교육이 해야 할 일이 되었다.

삶의 방식이 시시때때로 바뀌고 있다. 유행조차 쉽게 형성되고 쉽게 파괴되는 시대에 살고 있다. 신곡이 한 주 만에 다른 노래에 밀리기도 한다. 취향의 변화를 도저히 따라갈 수가 없다. 세대 차이가 너무 크게 느껴지는 시대다. 다른 한편 지금의 시대는 또 여러 삶의 방식이 공존한다고 말해도 무방할 것 같다. 똑같은 옷을 입은 사람을 찾기가 정말 힘들어졌다. 다른 옷을 입고 있어도 눈치 보이지 않는 시대에 살고 있는 것이다. 그것이 개성이라며 인정해주는 것이다.

그런데 학교 교실은 중세 봉건주의 시대 같다. 언제부턴가 볼 것이 부족한 시대에 필요했던 TV가 교실에 들어와 앉아 있다. 그것이 교육 현장에 있어야 한다는 의식이 아직도 남아 있다. 교육은 영상과 함께! 이런 게 지침서처럼 여겨지고 있다. 꼰대는 있는데 선생이 없다. 학생은 있는데 관심을 가지고 배우는 자는 없다. 지시는 있는 데 따르는 자가 없다. 명령은 있는데 이론이 없다. 통제하려는 자와 자유를 갈망하는 자들의 갈등만이 존재한다. 소리를 지르는 자와 귀를 막은 자만이 존재한다.

나라가 작동되려면 법이 필요하듯이 교육에는 지침서가 있어야 한다. 그것이 없을 수는 없다. 하지만 정부가 교과서를 만들어주려고 한다는 데서 문제가 발생한다. '국정교과서'가 문제다. 진리를 통제하고자 하기 때문이다. 이것만이 진리라고 틀을 정해놓으려는 것이다. 물론 틀이 있어야 하는 것 자체는 문제가 되지 않는다. 하지만 무엇을 가르치라고 훈수를 두려 할 때 잔소리가 된다. 매력은 순식간에 떨어지고 만다. 사람마다 취향이 있듯이 인식에도 방향이 따로 있다. 짜장면도 좋고 짬뽕도 좋다. 하지만 그중 어느 하나를 진리로 선택해야 한다면 취향이란 분야에 폭력을 행사하는 꼴이 되고 만다.

인식의 깊이도 사실 제각각이다. 누구는 이 정도를 인식이라 말하고 또 누구는 그 정도로는 인식이라고 말하지도 않는다. 누가 상·중·하로 나누면 된다고 말하지나 않을까 걱정된다. 같은 말을 조금씩 더 복잡하게 말하는 것으로 상·중·하를 결정한다면 희극이 따로 없다. 논리로 무장한 정신이 옳은 생각을 할지는 아무도 모른다. 법을 잘 아는 자가 법을 요리조리 빠져나간다 해서 '법꾸라지'라는 말도 생겨났다. 논리가 전부가 아니라는 인식이 온 것이다. 바다의 깊이는 제각각이다. 측연추를 가지고 바다의 깊이를 잰다면 결과물은 다 다를 것이다. 그중 하나의 결과물을 바다의 깊이라고 정한다면 그것은 다른 모든 깊이를 무시하는 꼴이 되고 만다.

나라가 남북으로 분단되어 있다보니 금기도 참 많다. 까딱하면 종북몰이에 희생될 수도 있다. 자신이 어느 나라에 살고 있는지 잘 알고 있어야 한다. 해서 될 말이 있고 해서는 안 될 말이 있다. 물론 어떤 나라에도 이만한 불문율은 존재한다. 예를 들어 독일에서는 히틀러 얘기를 함부로 꺼내서는 안 된다. 그래도 역사책에서 도려내지는 않는다. 최대 살인공장이라 불리는 아우슈비츠도 부수지 않고 교훈으로 남겨놓고 수학여행을 하듯이 자주 들르는 곳이 되었다. 베를린의 국회의사당 한쪽 구석에는 구소련의 붉은 군대가 남겨놓은 입에 담지 못할 욕지거리들과 낙서들을 지우지도 않은 채 버젓이 전시해놓았다. 자기 국가와 국민을 모욕하는 글들인데도 당당하기 짝이 없다.

누구는 진보가 좋고 누구는 보수가 좋다. 누구는 발전이 좋고 누구는 현상유지가 좋다. 물론 좋음이 규정되면 자동적으로 나쁨이 형성될 수밖에 없다. 빛이 좋다면 어둠이 싫어지는 것과 같은 논리처럼. 빛이 신의 소리와 천국의 의미로 추앙받는 반면, 어둠은 악마의 소리와 지옥의 의미로 해석되는 것처럼. 그것이 부담되어 좋음을 규정해주고 싶은 것이다. 혹시라도 자신의 의미가 부정적인 것으로 평가되지나 않을까 하는 불편한 심정이 깔려 있는 것이다. 하지만 어둠 속에서도 미네르바의 올빼미가 비상을 준비하는 정신이 있음을 알아야 한다. 별이 빛나는 밤을 뮤즈로 간주하는 사람도 있다는 사실을.

반공교육을 받은 선생들이 강단에 서 있다. 전쟁세대는 '공산당' 소리만 들어도 치를 떤다. 적이 분명해야 안심하는 사람들이 있다.

흑백논리에 젖어 있는 정신이 있다. 그러면서도 예능방송에서는 탈북한 선남선녀들이 나와 체험담을 쏟아놓는다. 통일을 운운하지만 정책이 결정되어 있지 않아서 기준이 없다. 어느 대학에서는 이런 주제로 프로젝트를 도전했다가 고배를 마셨다는 소식이 들려오기도 한다. 무엇을 가르칠 것인가? 그것까지 정부의 눈치를 봐야 하는 실정이다.

마음 놓고 가르치고 마음 놓고 배우는 그런 교육 현장의 분위기는 유토피아적 발상일까. 공장의 상품처럼 규격화된 정답으로 살 필요가 있을까. 오히려 시험이란 제도로 검증되고 또 획일적으로 평균화된 인생이 문제인 것은 아닐까. 가끔은 모든 것을 내려놓고 멍 때릴 수도 있어야 하지 않을까. 이성보다는 비이성적일 때 가장 창의적이지 않을까. 가장 멋진 춤은 규칙을 규칙으로 간주하지 않는 경지에서 탄생하듯이.

우리 스스로 의견의 자유를 누릴 수 있는 민주시민으로 성숙해 있는가? 보이지 않는 마음조차 구속당하며 살고 있지 않은가? 생각하는 존재로 태어났지만 생각도 마음대로 못하는 존재로 전락해 있는 것은 아닐까? 갈매기 조나단은 날개를 가지고 태어난 것에 대한 고민을 했었다. 사는 이유는 무엇일까? 사는 목적은 무엇일까? 자기 생각에 빠져 시간을 보내며 시간을 잡는다. 먹이만 찾아대는 무리에서 벗어나 먼 곳 절벽에서 목숨을 건 비행 연습을 한다. 뜨거운 여름을 보내며 익어가는 과일처럼 고행 속에서 자기 자신을 단련시킨다. 스스로 교과서를 만들어가는 중이다.

5. 공감을 배우는 시민교육의 필요성

 이연도 중앙대학교 교양대학 교수

나라가 위험한 징조

『한비자(韓非子)』「망징편(亡徵篇)」은 나라가 망하려는 징조를 일곱 가지로 들어 말하고 있다.

나라는 작은데 대부의 영지가 크고, 임금의 권세는 가벼운데 신하의 힘이 세면 나라는 망한다. 법령에 의하지 않고 모략와 잔꾀로 일을 처리하고, 나라의 방비를 소홀히 하며 외부의 도움만 믿고 있으면 망한다. 신하들이 공리공담을 일삼고, 대부의 자제들이 변론하기를 좋아하며, 상인들이 재물을 다른 나라에 쌓아두고, 백성들이 곤궁하면 나라는 망한다. 궁실과 정원을 아름답게 꾸미고, 수레와 의복, 기물들이 호화로운데, 백성들이 헐벗으면 나라는 망한다. 날을 받아 귀신을 섬기고, 점괘를 믿고 제사 지내기를 좋아하면 나라는 망한다. 높은 벼슬아치의 말만 따르고 사람들의 말에 귀 기울이지 않으며, 한 사람만을 요직에 앉히면 나라는 망한다.

지난 10여 년 동안 크고 작은 사고로 놀란 가슴이 경황없었지만, 최근 한국 사회의 모습은 참담하기 이를 데 없다. 경과야 어찌 됐든 투표를 거쳐 대통령직을 수행한 이가 측근 몇 명과 어울려 국가권력을 사유화하고, 이를 부끄러워하기는커녕 남 탓을 하며 버티는 모습은 보는 사람을 기막히게 한다. 나라에 망조가 들었다는 말이 절로 나온다.

우리에게 망국의 기억은 그리 멀지 않다. 근대 중국의 량치차오는 조선 망국의 소회를 기록한 『량치차오, 조선의 망국을 기록하다』에서 조선 망국의 제1원인으로 궁정과 권력층의 무능, 몰염치를 들고 있다. 그가 본 조선의 권력층은 악(惡)의 근원이었다. "모두 높이 받들어지고 넉넉한 곳에 처하며, 교만하고 방탕하여 일하지 않았으니", 조선의 관공서는 국사를 수행하기보다는 "직업 없는 사람들의 봉양"을 위한 기구였다. 한일병합조약을 공포하기 며칠 전, 한국정부의 황제 즉위 축하연 모습은 무능한 임금과 신하의 전형을 보여준다. "이날 연회에 신하들이 몰려들어 평상시처럼 즐겼으며, 일본 통감 역시 외국 사신의 예에 따라 그 사이에서 축하하고 기뻐했다.

세계각국의 무릇 혈기 있는 자들은 한국 군신들의 달관한 모습에 놀라지 않을 수 없었다." 이러고도 나라가 망하지 않았다면, 그것이 이상한 일이었을 것이다.

나라가 망하는 것이 어찌 지도층만의 잘못이겠는가. 량치차오가 본 조선인들은 화를 잘 내고 일을 만들기를 좋아하지만, 미래에 대한 관념이 매우 박약한 족속이었다. 모욕을 당하면 크게 화를 내지만, 그 분노가 오래 지속되지 않고 금방 식어버린다는 그의 조롱은 쏠쏠하고 불쾌하지만 인정하지 않을 수 없다. 우리에게도 안중근 의사 같은 이가 있지 않았느냐는 항변을 예상하기라도 한 듯, 이런 구절이 있다. "무릇 조선 사람 천만 명 중에서 안중근 같은 이가 또한 한둘쯤 없지는 않았다. 내가 어찌 일률적으로 멸시하겠는가. 그러나 이러한 유의 사람은 본래 1억만 명 중 한둘에 지나지 않으며, 설령 한두 사람이 있더라도 또한 사회에서 중시되지 않는다."

조선이 망한 것은 일본의 무력이나 당시의 국제정세에 의한 요인도 있지만, 결국 조선 스스로 망하는 길을 취한 데 그 직접적인 원인이 있다는 것이다. 그러니 조선의 망국은 가엾게 여길 가치가 없다고 량치차오는 말한다. 그가 파악한 조선 망국의 핵심은 무엇일까.

> 대체로 조선 사회는 음험하고 부끄러움이 없는 자가 번성하는 처지에 놓였고, 정결하고 자애로운 자는 쇠멸하는 처지에 놓였다.

역사는 반복되는가. 오늘 우리의 모습은 또 어떠한가. 오늘 우리 사회에서 번성하는 자들의 모습을 보면 마음이 심란하다. 다만 지금 우리 사회가 조선 말기와 다른 것은 깨어 있는 시민이 존재한다는 것일 터이다. 권력의 위협과 조작에 당당히 맞서고, 굳건히 연대의 손을 잡고 있는 시민들의 모습에서 이 나라의 희망을 본다. 우리가 일반 시민의 공감과 정치의식의 함양에 관심을 가져야 하는 이유이다.

거리로 나간 인문학

현대 중국을 대표하는 철학자 중 한 사람인 펑유란(馮友蘭)은 중국철학사를 크게 자학시대(子學時代)와 경학시대(經學時代)로 구분했다. 자신의 독창적인 학설과 학파를 형성한 시기가 자학시대이고, 선현이 남긴 경전을 공부의 중심으로 삼은 시기가 경학시대라는 것이다. 그 구분의 타당성에 대한 논란은 여전히 있지만, 이에 따르면 춘추전국시대와 한대(漢代)부터 청말(淸末)까지는 내용적으로 분명하게 구분된다. 중국에서 자신의 견해를 선현의 경전에 기대지 않고 독자적으로 다시 얘기하게 된 것은 근현대에 이르러서야 가능했다. 펑유란은 이 시기를 '제자백가의 부활'이라 부르고, 패러다임의 전환기였기에 가능했다고 평가한다.

최근 몇 년 사이 우리 사회의 지형 중에서 가장 큰 변화를 경험하는 영역이 교육 부분이다. 상당수의 인문학 강좌들이 대학의 울타리를 벗어나 시민사회에서 이루어지고 있다. 학술적인 측면에서도 재야에서 활동하는 학자들이 눈에 띄게 늘었다. 그들의 독창적인 주장을 담은 저작들 또한 상당한 주목을 받고 있다. 바야흐로 관학(官學)의 시대에서 민간학(民間學)의 시대로 패러다임이 바뀌고 있다. 사실 이런 지형 변화는 예고된 것이었다.

인간은 주로 정신적으로 깊은 한계에 부딪혔을 때 삶에 대해 깊이 생각하게 된다. 현실의 삶이 고통스럽고 견디기 어려울 때, 철학에 대한 관심이 자연스럽게 날개를 편다. 대학에 '인문학의 위기'라는 말이 등장한 것은 오래되었지만, 그 위기는 실상 해당 학과의 교수가 느끼는 위기이지, 실제 시민사회에선 인문학에 대한 요구가 날로 높아지고 있다. 학술적 측면에서도 마찬가지이다. 현재 대학들의 교수 평가는 논문을 위주로 진행되고 있다. 그 기준 또한 논문의 내용에 대한 질적 평가라기보다는 발표 편수를 위주로 하고 있다. 이런 현실에서 논문보다 시간과 품은 훨씬 많이 들고, 그 성과는 논문한 편보다 못한 취급을 받는 저서를 쓰는 교수는 드물다. 강의 또한 마찬가지이다. 대학의 본분은 교육과 연구에 있다고 하지만, 대부분 대학에 있는 교수들은 업적 평가에 비중이 훨씬 높은 논문 쓰기에 치중한다. 설령 교육에 관심이 있는 교수라 하더라도 대학에 몸담다 보면, 이런저런 인연과 관계 속에서 솔직하게 자신의 이야기를 하기가 쉽지 않다. 결국 제도권의 틀에서 자유로운 재야 학자들의 목소리가 커질 수밖에 없다. 자신의 생각을 솔직하게 쓸 수 있다는 것, 이 역시 재야 인문학자들의 권리이다.

임건순은 『제자백가, 공동체를 말하다』에서 이렇게 말했다.

국가는 경찰과 군대로 대변되는 폭력을 독점한 존재로, 국민에게서 세금을 거두어갑니다. 그것도 강제적으로 거두어가지요. 그래서인지 가끔 국가가 깡패 같기도 합니다. 실제 폭력을 휘두르는 깡패가 돈을 갈취할 때 세금이란 말을 즐겨 씁니다. 무정부주의자도 국가를 깡패라고 부릅니다. 정치학자도 국가에 깡패적 속성이 있다는 것을 에둘러 표현하지만 인정하는 사람이 많고요. 용산참사나 광주민주화운동 등의 사례에서 국가는 깡패로서의 면모를 유감없이 보여주곤 했지요. 또 언제 그때처럼 깡패가 되어 선량한 국민을 쥐어 팰지 모르는 존재입니다.

미국의 학자 프랭크 도너휴는 대학 내 인문학이 현재 맞고 있는 문제를 '위기'라고 명명하는 것부터 잘못이라고 지적한다(『최후의 교수들』, 차익종 옮김, 일월서각, 2014). '위기'란 어떤 문제가 급작스레 떠올라 극적인 해결책을 찾아야 하는 비상사태를 뜻한다. 고비가 지나면 각자 원래 상태로 돌아갈 수 있으리란 기대가 내포되어 있는 단어가 '위기'이다. 지금 대학에서 인문학이 처한 현실이 그러한가. 이제 그런 기대는 환상에 불과하다. 여기에서 우리가 관심을 가져야 할 대목은 유용성과 효율성으로 대학 사회를 재편하는 것이 과연 학생들에게 '경제적 이익'을 주었는가에 대한 실증적 검토이다. 인문학 전공 학과를 통폐합하고, 기업의 요구에 맞게 경영경제계열을 대폭 확장한 대학의 졸업생들이 그만큼 취업에 성공했는지 구체적으로 확인할 필요가 있다는 것이다. 대학이 기업이나 정권의 하수인으로 전락한 데는 교수들의 현실에 대한 착각과 환상에서 비롯된 측면이 적지 않다. 교수들은 자신들이 대학이라는 작업장 안에서 자율성을 확보했다고 일방적으로 생각한다. 그들은 강단 밖 사회에서 자신들이 어떻게 비치는지, 교수의 지위가 사회에서 어떤지에 대한 현실 감각을 잃어버렸다. 교수들이 자신들을 '공적 지식인(public intellectuals)'이라고 생각하는 것은 망상에 가깝다. 도너휴가 인용한 스탠리 피시의 말이다.

> 공적 지식인이란 공적 이해관계가 있는 분야를 떠맡은 사람을 가리키지 않는다. 법학 교수들도 이런 전문성은 있다. 공적 지식인이란 공적 이해관계가 있는 분야를 전문으로 하고 있을 뿐 아니라 그가 하는 일이 공중의 주목을 받고 있는 사람을 말한다.

대학교수들은 공적 지식인이라는 착각 속에 사회개혁의 추상적 시나리오를 늘어놓지만, 여기엔 중요한 한 가지가 빠져 있다. 즉 "학문적 견해란 그것을 포장하거나 해석하든, 또 어떤 경로나 네트워크를 통해 습득된 지식이든 대학 내부뿐 아니라 대학 바깥에서도 들릴 수 있어야 한다"는 자각이 결여되어 있는 것이다. 기업이나 교육부와 벌이는 고등교육의 관계에 대한 논의에서 교수들이 번번이 궁지에 몰리는 이유는 교수들이 대학 바깥 사회와의 소통 문제를 자각하지 못하고, 지식인으로 존재한다는 것이 무엇인지조차 모르는 데서 비롯된 것이다. 인문학이 거리로 나선 이면에는 대학의 인문학에 대한 홀대와 함께 교육 지형의 변화에 따른 시민사회의 요구가 반영된 것이다.

집중력 결핍의 시대

학생, 일반인을 막론하고 현재 우리의 인문적 사고력을 방해하는 가장 큰 적은 무엇일까. 최근 부쩍 느끼는 일이지만, 학생들이나 주변 사람들의 주의력이 눈에 띄게 약해졌다. 여러 이유가 있겠지만, 가장 큰 원인은 스마트폰이나 전자기기들 때문이다. 집중력이 약화된 것은 텍스트나 대화에 대한 이해도에도 문제가 있지만, 더 큰 문제는 다른 데 있다. 일찍이 한나 아렌트가 말한 대로, 고요와 고독은 정치적 개인의 존립에 필수적인 조건이다. 그런 점에서 스마트 기기의 전면화는 사회의 정치적 관심을 약화시키고, 독립적 인격을 형성하는 데 있어 최악의 환경을 만든다. 이제 SNS는 우리 사회에서 일종의 훈육체계로 기능한다. 블로그 활동은 일상의 소소한 일에 사람을 파묻히게 하고, 공동체의 담론을 외면하게 만든다. 책을 채 한 페이지도 읽어 나가기 전에, 스마트폰은 온갖 시시껄렁한 일로 읽는 사람을 호출한다.

이는 단순히 과학기술시대의 단편적 부작용으로 그칠 수 있는 사항이다. 신자유주의는 본래 혼자만의 시간을 끊임없이 통제하고 빼앗으려 한다. 자본은 인간의 유일한 '자연조건'인 '잠'마저 통제하려 시도한다(『24/7 잠의 종말』, 조너선 크레리, 김성호 옮김, 문학동네, 2014). '잠들지 않는 노동자와 소비자'는 그들이 꿈꾸는 이상적 인간이다. 그런 사회가 온다면, 인간의 정서나 휴식은 효율성을 저해하는 장애물 정도로나 취급될 것이다. 바야흐로 자본주의 최고 정점의 시대, 자본가가 꿈꾸는 이상사회의 실현을 눈앞에 두고 있다.

'혁신'과 '독창성'을 강조하는 사회 시스템 역시 이러한 추세를 더욱 가속화시킨다. 대부분의 기업들이 '창조'를 슬로건으로 내걸고 있다. 그렇지만 막상 '창의성'의 바탕이 되는 인문학이나 예술에 대한 지원은 백안시한다. '창의성'의 요체에 대한 상식적인 이해를 달리하기 때문이다. 정부 관료나 기업 운영자들은 고전 읽기나 글쓰기, 음악이나 미술 등은 이른바 '혁신'의 범주에 들지 않는다고 생각한다. 그 내용과 결과가 단기간 내 명확하지 않고, 그 방법론 역시 분명치 않기 때문이다. '몸에는 좋은데 뭐라 말할 수 없는' 그 애매함을 우리 사회는 결코 용납하지 않는다.

책 읽기의 어려움

교육 현장에까지 깊숙이 침투한 효용성의 잣대는 차분하게 고전을 읽을 시간이나 마음의 여유를 허락하지 않는다. 이런 상황에서 대학에서 진행하는 수업 풍경은 종종 코미디의 한 장면을 연출한다. '예술' 관련 텍스트를 읽는 수업에서 '톨스토이'가 내린 예술에 대한 정의를 소개하며 경험한 일이다. 프레젠테이션 자료 화면에 수염이 덥수룩한 만년의 톨스토이 사진을 띄우고 학생들에게 의례적인 질문을 던졌다. "이 할아버지가 누군지 아시죠?" 순간 강의실에 흐르는 어색한 침묵. 설마하고 몇 사람을 지적해서 물어보았다. 잘 모르겠다는 대답이 이어지고, 한 학생이 용기 내어 대답했다. "고흐?" 수업을 듣는 학생들이나 질문한 선생도 실소를 터트릴 수밖에 없었다. 학생들의 독서력이 갈수록 떨어진다는 얘긴 진작부터 해왔지만, 현실은 생각보다 심각하다. 하긴 독서하지 않는 세태에 대한 푸념은 진작부터 있어왔다.

"요즘 사람들은 책 읽기가 일상이라는 사실을 알지 못하고, 높고 멀어 실천하기 힘든 것으로 생각한다. 공부와 독서를 다른 이에게 미루고 자포자기하는 일을 당연하다고 여기니, 참으로 슬픈 일이라 하지 않을 수 없다." 율곡의 『격몽요결(擊蒙要訣)』에 나오는 말이다. 예나 지금이나 책 읽기는 어려운 일이다. 그렇더라도 고등학교를 졸업하고 대학에 입학한 학생들이 톨스토이의 모습을 처음 접했다는 사실은 우리 사회의 교육이 얼마나 희극적으로 이루어졌는가를 단적으로 보여준다.

일본의 대학에서 학생을 가르치는 서경식 교수는 『내 서재 속 고전』(한승동 옮김, 나무연필, 2015)에서 교양 교육에 대한 소회를 다음과 같이 털어놓은 바 있다.

일본에서 학생들을 가르치면서, 세대 차이를 꽤 현실감 있게 받아들이게 되었어요. 인터넷 및 스마트폰의 보급 이후 학생들이 긴 문장을 읽거나 쓰는 걸 힘들어합니다. 매체 환경의 변화로 정보가 빠르게 확산되는 등의 장점도 있겠지만, 지식의 파편화 현상이 대두되는 것 아닌가 우려됩니다. 저 같은 구세대가 '고전'과 '교양'을 논할 때 젊은 세대들이 어떻게 받아들일지 점검해볼 필요가 있겠다 싶었습니다.

서 교수의 문제 제기는 한국의 교육 현장에서도 똑같이 적용되는 과제일 것이다.

'인성'과 '공감'을 기르는 시민교육

우리 사회에서 학교의 울타리를 벗어난 인문학 붐을 일으킨 직접적인 계기가 된 인물이 얼 쇼리스이다. 그의 사후 출간된 『인문학은 자유다』(박우정 옮김, 현암사, 2014)는 쇼리스의 교육에 대한 생각을 잘 보여준다. 그는 자신이 개설한 클레멘트 코스의 교육 목적이 공동체 속에서 자유로운 시민으로 다시 태어나게 하는 데 있다고 말한다.

한국 사회가 심각한 사회적 병리현상에 직면하게 된 데는 여러 이유가 있겠지만, '실용성'과 '효율성'을 강조하는 교육 현실에 적지 않은 원인이 있다. 교육마저 가시적 성과를 중시하고 수치화된 성취도를 평가기준으로 삼은 상황에서 '인성'이 설 자리를 잃은 것은 당연한 결과이다. 동양의 대표적 철학자 맹자는 인간의 본성을 인의(仁義)라 규정하고, 남을 불쌍히 여기고 도덕상의 시비를 구별하는 마음은 인간이라면 누구나 태어나면서부터 가지고 있다고 보았다. 선한 바탕을 가지고 태어난 인간이 악한 행위를 하는 이유는 외부의 유혹과 욕망에 의해 그 본성을 잃어버렸기 때문이라고 말한다.

인간이 타고난 본성을 잃어버린 상태가 '실성(失性)'이니, 오늘날 한국 사회의 모습이 그러하다. 세월호 참사의 진상 규명을 요구하며 단식농성 중인 유가족의 면전에서 치맥 파티를 연 '폭식투쟁'이나 최근 국가의 지원을 받는 관변 단체를 동원한 '시위' 등은 우리 사회의 시민의식이 얼마나 위험한 상황에 처해 있는지 단적으로 보여준다. 자식 잃은 부모의 참담함에 조롱의 비웃음을 던지고, 부끄러움과 염치를 모르는 사회는 인간의 기본조건인 '사단(四端)'이 상실했음을 증명한다.

마사 누스바움은 『감정의 격동』(새물결, 조형준 옮김, 2015)에서 "공공교육의 목적은 다른 사람의 경험을 상상할 수 있고 그들의 고통에 참여할 수 있는 능력을 계발하는 데 있다"고 말한다. 적절한 공감은 훌륭한 시민이 되기 위한 전제조건이다. 우리 사회에서 공감능력을 가르치는 일이 중요한 과제인 이유이다. 이를 위해선 시민사회에서 다양한 유형의 사람들에 대한 공감을 확대해나갈 수 있는 교육 프로그램의 개발이 시급하다는 사실을 일깨운다. 공감능력은 타인의 아픔과 고통을 자신의 체험으로 인식하는 힘이다. 부조리한 사회,

삶의 무게에 고통받는 동시대 사람들이 겪는 무게를 자신의 아픔으로 동감하고, 함께 아파할 수 있는 능력이다.

공감교육을 가장 효과적으로 하는 방법은 삶의 현장에서 직접 부딪치는 것이다. 광화문 촛불집회에서 보는 연대와 협동의 모습은 학교에서 행해지는 그 어떤 수업보다 알찬 민주주의교육이다. 세월호 유가족 캠프에서 노란 리본을 함께 만드는 작업은 타인의 아픔을 이해하고, 국가의 폭력성과 무능함을 이해하는 가장 좋은 방법이다. 자연의 웅장한 호흡을 느껴보는 것도 감수성과 감각을 끌어올릴 수 있는 효과적인 시도이다. 바다의 파도 소리, 새벽녘 숲이 내뿜는 싱그러운 냄새, 새 소리, 바람 소리 등은 잠들어 있던 감각을 불러일으킨다. 자신의 감각에 충실한 사람은 타인이 느끼는 감정의 격동을 쉽게 알아차린다. 예술이나 인문학을 배제한 실용 교육만 강조하면 병리적 나르시시즘을 낳는, 어떤 사안이 인간적으로 중요하다는 인식을 해당되는 다른 사람과 연관시키는 데 어려움을 가진 시민을 낳는 원인이 된다. 연민과 공감을 배우지 않는 사회는 어디로 갈 것인가.

이제 우리 사회의 교육은 전면적으로 바뀌어야 한다. 우리 교육의 목표는 세계를 올바로 이해하고, 타인의 고통에 공감하는 시민의식을 가진 인간을 만드는 것이다. 자신이 누구인지, 내가 처한 사회의 문제가 무엇인지 아는 사람만이 정권이나 언론의 프레임에 갇히지 않고, 주체적 사유를 할 수 있다. 인간이 다른 동물과 다른 특성은 사회를 구성할 수 있다는 것이며, 이는 타인에 대한 이해를 기반으로 한 연대에서 가능하다. 무엇보다도 교육은 학교에서 이뤄진다는 관념부터 변화되어야 한다. 미셸 푸코가 근대 감시사회의 한 전형으로 '학교'를 들었듯, 이제 교육은 시민사회에서, 배우는 학생이 아닌 자신이 주체적으로 학습하고자 하는 시민을 중심으로 재편되어야 한다. 그 교육의 목적은 공감과 연대에 익숙하고, 차별과 배제에 분노하는 시민을 기르는 데 있다. 만성적 피로와 경쟁에 지친 우리 사회를 구원할 수 있는 유일한 방안이 거기에 있다.

6. 사회적 책임을 위한 교육

 서동은 경희대학교 후마니타스 칼리지 교수

Not for Profit

지금 우리가 사는 세계는 정의란 무엇인가, 돈으로 살 수 없는 것들은 어떤 것들인가를 진지하게 물어야 하는 시대에 들어와 있다. 경제 문제에 대한 새로운 해결책을 제시해 중세의 어둠을 뚫고 근대라는 새로운 세계가 열렸지만, 이 새로운 세계는 이제 질곡으로 변해 새로운 경제철학과 새로운 가치를 요구하고 있다. 기존 가치관과 세계관으로는 대답될 수 없는 새로운 물음이 절실한 시대에 살고 있다. 이제는 생산의 문제가 아니라 분배의 문제가 중요한 가치이며, 인간이 중심이 아니라 지구 혹은 생명의 중심에 놓인 가치관에 대한 물음이 새롭게 제기되어야 한다.

교육도 마찬가지이다. 자본에 휘둘리지 않는 교육, 자본의 논리에 봉사하지 않는 교육이 어떻게 가능할까 하는 물음을 진지하게 해야 한다. 돈 벌기 위한 공부가 아닌 공부가 어떻게 가능할까? 혹은 돈 벌기 위한 공부와 더불어 이와 독립된 이익을 위한 것이 아닌(Not for Profit) 공부가 어떻게 가능할까 진지하게 물어야 한다. 화려한 성당 안에서 거룩함과 안정을 찾았던 중세인들은 이제 화려한 백화점 안에서 마음의 안정과 평안을 취한다. 제 세상적인 구원이 현세적 행복으로 대치되면서 현대인들은 신을 통한 구원이 아닌, 돈을 통한 구원에 매달리고 있다.

거의 모든 세계를 비롯해 한국의 교육은 오랫동안 자본주의 구조에 충실한 개인을 만들어 내는 데 주력해왔다. 자본주의 시스템에 의해 인간이 처한 인간다움의 가치가 상실되고, 거의 모든 교육의 모든 시스템이 취업을 중심으로 진행되고 있다. 대학의 교육도 마찬가지다. 대학에 들어와서 학생들은 스펙 쌓기에 자신의 에너지를 쏟아붓고 있다. 이 모든 과정은 기업의 충실한 일꾼이 되기 위한 준비 과정에 다름 아니다. 이 과정에서 학생들은 경쟁에 몰입해, 주변을 돌아보거나 사회 및 지구적 환경의 문제에 대해 책임 있는 인간이 되기 어려운 이기적인 개인으로 성장해간다. 즉 개인은 개인적인 문제나 사회적인 문제 또는 세계사적인 문제와 지구환경 문제 등에 어떻게 책임 있게 응답해나가야 하는지 알지 못하고, 오로지 자신의 이익을 최대화하고자 하는 알고리즘처럼 성장한다.

기존 학습은 출세, 돈 벌기를 위한 교육에 정위되어 있다. 왜 공부하느냐고 묻는다면, 거의 모두가 좋은 대학, 좋은 직장, 많은 연봉을 말한다. 만약 모두가 이러한 생각 가운데 지속적으로 살아간다면 미래 사회는 어떻게 될까? 아마도 미래 사회는 토머스 홉스가 말한 '만인 대 만인의 투쟁' 상태가 될 것이다. 내가 이기지 않으면 언제나 손해가 될 것이라는 제로 섬(Zero-Sum) 사회가 될 것이다. 서양의 근대문명은 생존의 문제를 다른 방식으로 해결해 새로운 해결책을 제시했다. 농업 중심의 사회에서 상업 중심의 사회로 이동하면서, 사회는 더 풍요해졌다. 그러나 이 풍요와 더불어 개인은 이제 자신과 세계의 책임 있는 주체가 되지 못하고, 거대한 경쟁 사회의 톱니바퀴가 되어버렸다. 저마다 시간이 없다고 말하면서 시간의 노예가 되어 살아간다. 미하엘 엔데의 『모모』에 나오는 사람들처럼 모두 회색신사에 저당 잡혀 시간이 없는 시간을 살아가고 있다. 이러한 상황에서 모두가 개미처럼 바쁘게 살아가기만 할 뿐, 아무도 인간 사회에 가져야 할 개인의 사회적 책임에 대해 묻지 않는다.

사회적 책임의 주체

사회적 책임의 주체는 근대적 개인주의에 기초한 생산성의 논리만을 추구하는 교육의 형태에서는 형성되기 힘들다. 지식 습득 과정 자체가 타자와 더불어 책임과 연대를 가질 수 있도록 바뀌지 않으면 사회적 책임의 주체는 불가능할 것이다. 주지하듯이, 오늘날 한국의 교육은 취업을 위한 교육에 정위되어 있다. 취업을 위한 교육의 최대 목표는 주어진 시간 안에 주어진 답을 내는 효율적이고 기능적인 인간을 키우는 데 있다. 이러한 목표는 앎에 대한 단계를 결정짓는다. 기능적인 인간을 만드는 데 있어 지식이란 스펙을 쌓되 다른 사람과 경쟁해서 월등한 사람이 되기 위한 수단으로서의 지식이다.

이 지식은 은행에 저축하듯이, 엄청난 기억 용량 저장소에 잠시 저장해두었다가 특정한 날 다 꺼내 써버리는 창고 대방출 형식의 지식이다. 이러한 구조에서 지식은 단지 소비되고 더 이상 저장되지 않는다. 그리고 이 지식은 실생활에 적용되거나 응용되는 지식이 아니다. 가족이 기업의 모델에 따라 작동되기 시작하면서 형성된 이러한 교육 방식 덕분에 아이들은 이것을 어려서부터 자신의 이익을 위한 도구로 생각한다. 이러한 교육을 받은 학생들은 암기벌레가 되어, 정작 구체적으로 응용될 수 없는 죽은 지식만 배운 까닭에 응용 능력이 떨어진다. 이러한 교육을 받은 세대에서는 타인과 더불어 어떻게 생각하고 어떤 절차를 거쳐 살아갈 수 있는가에 대한 생각이 결코 나올 수 없다.

이렇게 교육받은 세대에게 빠진 공백이 있다. 그 공백이란 책임의 가치 상실로 인한 공백이다. 낯선 이방인과 어떻게 만날지 준비되어 있지 않고, 오로지 자신의 이익을 위한 나르시시즘만이 지배한다. 타인은 그저 이익을 위한 공동체에 불과하다. 주입식 교육과 이익을 위한 회사의 공동체 메커니즘의 공통점은 명령-복종의 구조에 있다. 돈 벌기 위해 선생이 명령한 것을 그대로 받아 적고, 돈 벌기 위해 상사가 말하는 것을 그대로 실행한다. 자신이 하고 있는 일이 이웃과 사회에 어떤 의미를 갖는지 묻지도 않고, 예루살렘에서 재판을 받은 아돌프 아이히만처럼, 히틀러의 명령에 충실한 일꾼이 되어가고 있다.

지식이 나의 것이 되기 위해서는 나 스스로 내가 얻을 지식에 대해 호기심을 가지고 물어야 한다. 모든 진정한 지식은 물음과 더불어 시작된다. 묻지 않는 상태에서의 지식 습득이란 명령과 복종의 메커니즘이 반복되는 것과 다름이 없다. 먼저 물어야 하고, 그 물음으로 새롭게 다가온 주제 안으로 개인이 주체적으로 들어갈 수 있도록 길을 열어주어야 한다. 묻고 대답하려면 대화 파트너가 있어야 한다. 같이 고민하고 같이 생각할 동료나 스승이 없는 상태에서는 진정한 물음이 나올 수 없다. 그리고 같이 해결해나가는 과정에서 연대의식이 생기고 사회적 책임의식이 생기는 것이다. 스스로 발로 걸어 다니면서 타인과 더불어 알게 되는 지식이 아닌 지식은 처음부터 사회와 연결되기 어렵다.

책임이라는 말은 독일어로 Ver+Antwortung이다. 이 말을 의미상으로 풀어보면, 물음에 대해 '응답(대답)하는 것'이다. 우리는 모두 각자 책임을 가지고 있다. 이런 의미에서 볼 때 책임이란 한 시대가 제기한 물음에 대해 개인 및 사회가 깊이 있게 응답하는 과정이라고 할 수 있다. 사회적 책임이라는 가치 측면에서 볼 때, 내가 지금 여기에 존재하는 것은 나의 이기적인 향락만을 위한 것이 아니다. 나는 개인으로만 존재하지 않고, 사회적 존재의 일원이다. 만약 자신만을 따로 떼어 원자적 개인으로 설정해놓고, 나와 독립된 타자를 분리해내면, 나와 타인의 책임 관계는 원천적으로 성립될 수 없다. 나는 언제나 부모님과 타자와의 관계 속에서 도움을 받으며 살아간다. 내가 혼자가 아니고 타인과 더불어 존재하는 의존적 존재라는 사실에서 우리는 책임의 원리를 도출해낼 수 있다.

이성의 원리, 책임의 원리

우리는 때로 나의 의지와 타인의 의지 차이 때문에 생기는 갈등을 경험한다. 이것은 더불어 살아가는 인간이 늘 직면하는 문제이다. 만약 이러한 관계에서 오는 문제를 해결할 능력을 교육을 통해 배우지 못하고, 스승과 제자 사이의 명령-복종의 관계 틀 위에서만 일평생 교육이 지속된다면, 타인과의 갈등을 풀어내는 해결책을 가진 인간이 탄생할 수 없다. 이 상충되는 의지에서 해결할 수 있는 대안이란, 인류가 황금률로 받아들인 역지사지의 원칙이다. 근대 철학자 이마누엘 칸트는 황금률의 원리를 기초로 하여 개인의 책임 원리를 정언명령으로 정식화했다. 그는 자신이 가진 이성적 능력을 스스로 개발하는 것을 자신의 정언명령의 범주에 넣었다. 게을러서 자신의 이성을 개발하지 않는 것이야말로 큰 문제이다. 약속의 문제나 남을 돕는 문제나 생명의 가치 문제와 관련해 칸트는 정언명령으로 정식화했다. 개인의 선택 원칙이 언제나 타인 모두가 인정할 수 있는 원칙이 되도록 해야 한다는 그의 생각은 존 롤스에 의해 받아들여진다. 롤스는 새로운 차원에서 칸트의 물음에 대한 대답을 시도한다. 즉 롤스는 시장경제체제 안에서의 이익을 위한(For Profit) 메커니즘을 인정하면서도 어떻게 약자에 대한 책임의 원칙이 실현될 수 있을지 고민한다.

롤스는 『정의론』에서 불편부당의 가능성을 위해 '무지의 베일' 상태를 가정한다. 이것은 아메리카 대륙으로 건너간 청교도들이 아메리카에 도착하기 직전 배 안에서 합의한 방식과도 유사하다. 만약 우리가 달에 가서 합의한 다음, 지구에 온다고 가정해보자. 지구에 와서 살게 되면, 의사가 될지 거지로 살게 될지 아무것도 모른다. 이때 나는 달에서 사람들과 어떤 합의를 하게 될 것인가? 롤스는 이러한 원초적 상태에서 사람들은 자신이 자유롭게 일하며 그 대가를 정당하게 받을 수 있는 조건을 첫 번째로 정할 것이라고 상정한다. 모두가 공정하게 일하고 공정하게 대우받는 것을 1차적인 조건으로 한다는 것이다. 그다음 능력에 따라 차이가 있기 때문에 능력 있는 사람은 돈을 더 벌고, 더 많은 인센티브를 가질 수 있는 것도 인정하게 될 것이다. 마지막으로 중요한 조건이 하나 더 있다. 능력에 따른 차이를 인정한다 할지라도, 최소한의 수혜를 받는 사람에게 주어지는 기본 소득은 사회적으로 주어지는 것을 조건으로 할 것이다. 이는 내가 지구에 내려와 어떤 처지에 있게 될지 모르기 때문이다. 만약 내가 능력이 부족해, 사회적 경쟁의 사다리에서 올라갈 형편이

안 될 경우를 대비해, 어느 정도 먹고 살 정도의 조건이 주어지는 것이 자신에게 안전하다고 생각할 것이다.

롤스는 『정의론』에서 자신 및 타인의 입장에서 내가 어떤 위치에 있을지 생각하고, 최소한의 안전장치를 해놓으려 한다는 점에서 '사회적 책임'을 설정하고 있다. 이는 칸트가 정식화했지만, 오래전부터 동서양을 막론하고 전해져오는 황금률이다. 즉 내가 하고 싶지 않는 것을 남에게 시키지 말라거나, 내가 대접받고자 하는 대로 남을 대접하라는 말은 인간이 타인과 사회적 생활을 하면서 지켜야만 하는 책임의 원칙이다. 만약 이러한 책임의 원칙이 지켜지지 않고, 각자 자신의 이익에 따라서만 행동한다면, 모든 것을 돈으로 환원시켜 물질을 이해하는 시장사회가 될 것이다. 타자와의 관계 가운데서 자신의 위치를 결정하려 하고 먼 미래 세대를 생각하며 자신의 현재 위치를 깨닫는 것이 바로 책임의 시작이라고 할 수 있을 것이다. 이러한 책임의 원리에는 두 가지가 들어 있다. 하나는 자신의 이성을 발휘해서 합리적으로 생각하는 이성의 규칙이고, 또 하나는 자신의 처지에 입각해 타인의 처지를 헤아리는 공감의 규칙이다.

공감의 원리

오늘날 문제가 되는 것은 자주 개인의 권리에 대한 보장도 이루어지지 않고, 공적인 권리의 주체 곧 주권자가 자주 '비상 상황'을 연출하며, 개인의 권리를 침해한다는 점에 있다. 개인의 권리는 때로 주권자에 의해 박탈되기도 하고, 시장사회의 시스템에 의해 침해되기도 한다. 자유로운 시민을 양성하기 위해서는 정권의 이데올로기에 흔들리지 않고, 시장사회의 공리적 관점에도 흔들리지 않는 비판적 개인의 탄생이 절실하게 요구된다. 또한 개인은 이성의 존재이기도 하지만, 감성의 존재이기도 하다. 인간은 이미지와 감성을 통해 세상을 파악하기도 하면서 이를 기호화하여 추상적으로 사유함으로써 수학적, 논리적 이성을 발전시킨다. 만약 한 사회의 한 인간이 타인의 감성을 느끼지 못하고, 자신의 이성만으로 살아간다면, 계산하는 기계만이 존재하는 세계로 전락할 것이다.

만약 한 사람이 고통받는다면, 그 사람이 겪는 고통의 정도는 타인이 이해할 수 있는 공감의 적정성에 의해 평가될 것이다. 사람들은 흔히 가짜 눈물을 흘리면서 고통스럽다고 연기할 수 있다. 하지만 이것을 바라보는 타인들은 자신의 경험 및 타자의 입장에서 생각하는 '공정한 관찰자' 입장에서 그 고통의 정도를 평가하려고 할 것이다. 이렇게 우리는 타자의 고통에 공감하는 정도의 차원에서 타인을 돕는 행위를 할 것이다. 만약 지금과 같이 오로지 계산하는 수학 기계처럼 암기식 공부가 일반화된다면, 먼 미래 세대는 지금보다 더 타인과 더불어 살기 힘들 것이다. 타인과 함께 기뻐하고 슬퍼할 기회가 없는 사람은 그만큼 타인의 고통에 공감하는 능력도 떨어질 것이다. 사회적 공감력이 필요한 이유가 바로 여기에 있다.

흥미로운 점은 『국부론』의 저자 애덤 스미스가 『도덕 감정론』에서 공감의 도덕을 제안했다는 점이다. 그는 『국부론』을 쓰기 14년 전 『도덕 감정론』을 저술했는데, 여기서 그는 『국부론』에서처럼 인간을 이기적인 존재로 보기보다는 타인의 아픔에 공감할 수 있는 공감의 존재로 보았다. 그는 이러한 공감의 이성을 발휘하는 것이야말로 도덕적 삶을 살아가는 데 필수적이라고 보았던 것이다. 잘 생각해보면, 애덤 스미스가 강조한 것은 개인의 이기심을 내버려두라는 자유방임이 아니다. 그는 아리스토텔레스와도 비슷하게 이성적 존재가 가진 탁월성과 더불어 추가적인 좋음을 위해 경제적 차원의 이익을 말했을지도 모른다.

어떤 것에 대해서 안다 혹은 배운다는 것은 어떤 것의 '의미'를 안다는 것인데, 현재의 좌뇌 중심 교육에서는 단지 기호의 조작을 통한 '정답 맞추기'에 방향 정위되어 있기 때문에, 학생들이 자신이 배우고 있는 언어와 과목의 '의미'를 파악하지 못한다. 학생들이 어떤 개념이나 수학적 기호와 정의를 '안다'는 것은 그것이 자신의 삶에서 어떤 의미를 가지는지 안다는 것인데, 이것은 자신의 삶의 경험과 이미지가 수반되지 않고는 불가능하다. 사람들은 자신이 경험한 구체적인 대상이 있고, 그 대상에 대한 감성을 가지며, 이를 기호체계로 옮겨서 설명할 수 있을 때, 가장 실제적으로 한 개념의 의미를 이해했다고 말할 수 있다. 어떤 것의 의미를 안다고 할 때 이 세 가지는 언제나 중요한데, 현재 교육에서는 마지막 단계, 즉 기호체계의 조작만을 강조하는 상황이다. 이와 더불어 현 교육과정은 현실생활 및 사회와 유리되어 있기 때문에, 자신이 하는 공부가 사회적으로 어떤 의미와 목적을 가지는지 알 수 없다.

경제와 정치로부터의 독립

특정한 경제적, 정치적 질서에서 자유로운 개인이 탄생하려면, 정당정치의 이데올로기에서 자유로운 독립적 기구가 필요하다. 이것은 볼테르의 제안 이후 무비판적으로 수용된 한국의 삼권분립 체계 가운데 행정부 부속기관으로서의 교육부 시스템으로는 제대로 작동되기 어렵다는 것을 뜻한다. 교육부를 네 번째 권력 독립체로 분리해 공적인 교육을 강화할 필요가 있다. 새로운 기구를 통해서만 새로운 인간의 탄생, 새로운 사회의 탄생을 가능하게 할 수 있다. 17세기 과학에 관심을 가진 귀족과 국가들의 후원이 갈릴레이와 뉴턴을 탄생시키고, 18세기 계몽주의 시대 프랑스의 살롱 문화가 새로운 시대를 여는 계몽의 불빛을 밝혔듯이, 새로운 장(場)의 창출만이 새로운 시대를 가능하게 할 수 있을 것이다. 이를 통해 사회적 책임을 다하는 개인을 길러내야 한다. 개인이 학교에 가든 기업에서 일하든, 정치가로서 역할을 하든, 의사라는 직업을 갖든 간에 사회적 책임을 자각하고 활동하는 개인이 되도록 해야 한다. 지금의 교육 시스템으로는 이러한 이상을 실현하기 어렵다.

경쟁사회, 온라인으로 이루어지는 가상현실사회가 점점 우리 인간이 몸을 가지고 있으며, 그에 따라 감성과 이미지를 통해 세상을 파악하며 살아간다는 사실을 망각하게 한다. 몸이 개입되지 않은 상태에서의 의미 전달이 주는 일면성을 우리는 SNS를 통해 종종 경험한다. 우리의 경험과 지식은 대부분, 특정 대상에 대한 이미지, 감성 그리고 이를 개념화하고 기호화해서 정보를 처리하는 방식으로 이루어진다. 만약 언어와 수학 기호 혹은 이미지만을 떼어 생각한다면, 그는 종합적 인간이라고 말할 수 없다. 좌뇌만 지나치게 발달하도록 하는 교육에서는 타인의 아픔과 기쁨에 공감하는 인간이 만들어질 수 없다. 한 공동체는 이미지와 감성을 통해 대화함으로써 공감이 형성될 때만 그 안에서 안전하고 편안하게 지속될 수 있는 것이다. 만약 지금 이러한 교육이 시작되지 않는다면, 다음 세대의 삶은 지금보다 더 정글과 같을 것이다. 위대한 수학자나 과학자들의 창조적인 생각은 제도 교육의 커리큘럼 과정의 산물이라기보다는 생활에서 느끼는 감성을 바탕으로 한 직관에서 출발한 경우가 많다. 공감의 가치는 장차 한 개인이 한 사회의 책임 있는 일원이 되기 위해 가장 필요한 가치이다.

이성의 원리와 책임의 원리에 기초한 민주주의와 과학이 없는 사회는 진보된 사회라고 말할 수 없다. 한 사회는 한 사람의 권위에 의해 이끌리기보다는 다수의 의견이 수렴되고, 다수의 이익을 대변하는 방식으로 인도되어야만 안정적일 수 있다. 한 사람만이 자유롭고 다수가 속박되어 있는 전제군주사회는 아무리 경제적으로 안정되어 있다고 할지라도 건강한 사회라고 할 수 없다. 이러한 사회에서는 새로움을 기대할 수 없고, 발전도 기대할 수 없다. 한 사회의 건

강의 척도는 그 공동체 안에서 개인의 소외 및 속박 정도에 의해 결정된다. 아무도 지배하는 자가 없는 상태, 권력이 분산되어 권력이 누구에게 있는지 모르는 상태가 가장 이상적인 사회라고 할 수 있다. 이러한 상태가 가능하려면 원자 같은 개인의 힘이 조화를 이룰 수 있어야 한다. 건강한 주체가 있어야 권력의 집중을 막을 수 있고, 새로운 문명의 발전으로 가는 틈을 열 수 있다. 이를 위해서는 개인의 이성이 자유롭게 사용될 수 있도록 해야 한다. 후견인이나 남의 도움 없이 스스로 생각하고, 스스로 판단하며, 자신의 이성을 사용할 용기를 가지도록 도와주는 교육이 필요하다.

새로운 공공성: 이기주의(利己主義)를 넘어 활사개공(活私開公)으로

보이지 않는 손에 대한 지나친 낙관은 이기주의의 절대화와 이익의 절대화로 나타난다. 부르주아 경제학자들은 파이의 크기만 크게 하면 전체의 부가 증가하며, 그에 따라 저절로 분배가 이루어진다고 생각하였다. 그리고 그들은 공공성의 개념을 이익 확대의 관점에서만 찾았다. 정치 또한 이에 따라 개인의 이익을 보장하고, 그들의 이익을 보장할 수 있는 제도적 시스템을 만들어가는 것이라고 간주되었다. 오늘날 우리가 알고 있는 민주주의는 존 로크의 『통치론』에서 알 수 있듯이, 개인의 이익을 보장하는 시스템으로서 부르주아의 이익을 위한 이데올로기적 장치였다. 그래서 오늘날 사람들은 각자 자신의 이익을 추구할 수 있는 시장이 있고, 삼권분립에 기초한 입법부, 사법부, 행정부가 있으면 저절로 민주주의가 작동되며, 공공성이 확보된 사회에 살고 있다고 생각한다. 하지만 이러한 공공성은 추상적 공공성 혹은 거짓 공공성이다.

공동체 안에서 공감하는 개인, 타인들과 자신의 이성을 바탕으로 소통할 수 있는 개인이 있다고 해서 사회가 저절로 건강한 사회로 발전하는 것은 아니다. 위의 두 가치를 바탕으로 실천적인 연대 가능성, 즉 공공성을 실현할 수 있는 가능성이 열릴 때, 비로소 사회는 건강한 사회가 될 수 있다. 공감하는 개인, 비판적 이성을 소유한 개인은 사회에 나가 다른 사람들과 더불어 소신과 책임을 가지고 활동해야 한다. 개인의 능력이 사회적 책임과 결합되지 않을 때, 그 사회는 근본에서부터 흔들릴 수 있다. 기업들이 단지 자신의 이익만을 중시하는 기업이 아니라, 그 공동체 안에 있는 소비자와 생산자가 자신의 이익을 나눌 수 있는 사회적 기업이 될 때, 모두에게 이익이 되는 건강한 사회가 될 수 있다. 이것이 진정한 의미에서의 공공성이다.

오늘날의 교육은 지나치게 자신의 이익만을 추구하게 만들거나, 가족이나 이에 준하는 특정한 공동체의 이익을 최대화하기 위해 노력하는 인간만을 만들어낼 뿐이다. 자신의 이익이 타인에게 사회적으로 어떤 의미를 가지는지 전체적으로 조망할 수 없게 만든다. 자신의 삶이 공동체 전체와 어떤 의미를 가지는지 알지 못하기 때문에, 노동의 즐거움도 삶의 의미도 제대로 발견하지 못한다. 한 기업의 이익은 자기 혼자만의 노력으로 형성된 것이 아니다. 생산자, 소비자 등의 덕택으로 가능한 것이다. 이를 알고 이들과 더불어 자신의 이익을 공유할 때, 그 기업은 생산자와 소비자의 공감을 얻으면서 성장할 수 있는 것이다. 이기주의나 가족주의, 그리고 집단이기주의를 넘어서려면 나에 대한 이해가 달라져야 한다. 나는 혼자가 아니며, 주변 이웃과 타인과 더불어 살아갈 때만 나일 수 있다. 즉 이기적인 나를 이성과 공감의 개인으로 변화시킨 다음, 이를 통해 공공성(公共性)의 영역을 열어갈 때, 비로소 사회적 책임을 다하는 주체가 탄생할 수 있다.

환대의 식탁으로의 초대

오늘날 우리 교육은 근대 이후 강조된 개인주의 및 좁은 국가경제의 테두리 안에서만 경제학을 이해한다. 그래서 최소 비용으로 최대 효과를 얻고자 하는 효율성의 원칙을 경제학의 원리로 받아들이고 행동한다. 이러한 원리에는 지나치게 개인에 대한 강조라는 문제점과 더불어 낭비와 자연 훼손 및 다른 생명체에 대한 사회적·생태학적 책임 문제가 빠져 있다.

우리는 이웃을 지나치게 좁게 한정하는 데 익숙해져 있다. 공간적으로 지금 내가 살고 있는 주거 공간 주변에 사는 사람이라는 이웃의 선을 넘어서지 못하고 있다. 이웃을 이렇게 협소하게 정의하면 이웃에 대한 우리의 책임도 그에 따라 축소된다. 이웃은 거주 공간 주변의 사람이 아니라, 시간적으로 나의 삶의 매순간 한복판으로 다가오는 타인이다. 그것도 문화적 차이 때문에 부단한 인내와 인정을 요구하는 이방인으로 다가오는 타자가 바로 지금 나의 이웃이다. 성서에 나온 '선한 사마리아 사람에 대한 비유'는 이웃이 지리적 공간에 한정되지 않고, 각자가 처한 삶의 세계에서 나의 도움과 인내를 필요로 하는 낯선 이방인의 모습을 띠고 다가온다고 증언하고 있다. 그리고 이 비유는 또한 시대적 제약을 넘어 "너도 지금 그렇게 하라"라는 현재형 명령형으로 지시하고 있다.

성서의 이웃 개념은 우리의 좁은 이웃 개념을 낯선 이방인에게까지 확대하는 기여를 했지만, 무화과나무의 저주에서 알 수 있듯이, 이웃의 개념을 생명권 전체로 확대시키지 못하고 있다. 이는 단순히 동물을 보호하거나 채식주의자가 되어야 한다는 말이 아니다. 나와 우리는 무수히 많은 살려는 의지를 가진 존재이다. 즉 생명 전체 안에서 다른 생명과 더불어 살아가는 또 하나의 생명이다. 나의 생명은 다른 생명에 빚지고 있으며, 따라서 내가 살아 있는 한 다른 생명에 대한 책임도 가지고 있다. 그런데 오늘 우리에게는 이러한 생명에 대한 자각이 부족하다. 이제 인간은 스스로를 생명 가운데 하나의 생명임을 자각할 필요가 있다. 노아가 방주에 동물들을 실은 것은 단지 홍수 기간 동안 먹을 육식동물을 모아놓기 위함이 아니었을 것이다.

서양 철학과 기독교 신학은 대체로 다른 동물과 구별되는 특징으로서 인간의 이성을 강조하거나 신의 형상(imago dei)으로서의 인간을 중심에 놓고 사유하는 경향이 강했다. 이러한 사고의 틀에서는 우리와 더불어 살아가야 할 이웃으로서의 자연인 동물과 생명은 이웃의 범주에 들어올 수 없었다. 서양의 이성에 따른 인간이해와 신의 형상으로서의 인간이해의 틀에서는 여성도 이웃의 범주에 들어올 수 없었다. 오늘날 우리는 새로운 이웃의 정립을 필요로 하는 시대에 살고 있다. 남성/여성, 난민, 동물에 대한 환대를 배워야 하는 시대에 살고 있다. 제도적으로 정해진 이웃의 틀에서 사유되는 조건적 환대가 아니라, 이방인의 모습으로 다가오는 타인에 대한 절대적 환대가 필요하다. 이제 자라나는 세대에게 모든 이방인을 받아들이는 환대의 식탁에 초청하도록 교육해야 한다. 그래서 사회적 책임의 범위를 지구적, 생명적 차원으로 확대해야 한다.

나가는 말

교육이 이데올로기 교육 및 정부의 경제정책 틀 안에서 모색되는 것에서 자유롭지 않으면, 즉 교육이 그 자체로서의 최고 가치를 갖는다는 사실이 제도적으로 회복되지 않으면, 우리는 계속 권력과 돈이 만능인 괴물의 시대를 살게 될 것이다. 오늘날의 정치도 근대 도시화의 연장선상에서 문명을 이해하고, 이를 뒷받침하는 교육정책을 내놓고 있다. 그래서 현대인들은 이중 의미에서 길들여진다. 자본주의 사회의 충실한 노예로서, 이익을 추구하는 기계로 길들여지고, 이를 공고히 하려는 정치가들과 자본주의의 이데올로기에 의해 길들여진다.

대학이 그 시대의 최고 가치에 의존해 있다는 것은 어제오늘의 일이 아니다. 중세시대에도 돈이 되는 과목이 인기 있었던 것 같다. 그 시대에는 법학도나 신학을 공부한 사람이 가장 인정받고 돈을 잘 벌 수 있었기에, 이런 과목들은 인기 과목이었을 것이다. 어느 시대에나 그 시대를 지배하는 지배적 가치에서 자유롭기 힘들다. 그러나 인류는 한 시대의 지배적 가치가 한계에 직면했을 때 새로운 가치를 만들어내는 지혜를 발휘해왔다. 지금이 바로 이런 지혜가 절실하게 필요한 시대이다.

정치는 자주 그 시대를 지배하는 경제적 지배가치에 순응해왔다. 정치가는 자주 자신의 이익을 최대화하기 위해, 미래 세대의 의식을 조작하고자 한다. 역사는 항상 내가 원하는 방향으로 움직이지 않음에도 불구하고, 일부 정치가들은 역사가 자신의 뜻에 맞게 돌아가도록 해야 한다고 생각한다. 역사 교과서를 새롭게 쓴다는 것은 이러한 생각을 반영한다. 교육이 이러한 정치가의 이데올로기와 한 시대의 지배적인 가치관에서 독립해 그 가치를 상대화하고 객관화해 볼 수 있는 눈을 확보하지 못하는 한, 교육은 늘 특정 집단에 의한 길들이기가 되어버릴 것이다.

부르주아 경제학자들이 신봉하는 애덤 스미스조차 '보이지 않는 손'만 이야기한 것이 아니었다. 그는 기업가의 사회적 책임을 이야기했고, 일자리 창출을 통해 국가 전체의 부가 늘어날 수 있음을 제안했다. 기업의 사회적 책임, 국가의 사회적 책임, 그 안에 살고 있는 개인의 사회적 책임을 말했다. 부르주아 경제학자들은 스미스의 이러한 부분은 빼고, 오로지 '보이지 않는 손'의 움직임만 이야기하며 자유경제 시스템을 옹호한다. 오늘날 우리는 자주 부르주아 경제학자들의 이데올로기에 흡수되어, 개인이 타인에 대해 가지는 책임, 개인이 사회에 대해 가지는 책임을 외면한다.

이렇게 생각하다보니, 우리는 나의 행동이 언제나 옳다고 전제하면서 살아가는 데 익숙해 있다. 나의 이익이 타인에게 피해가 될 것이라는 생각은 거의 하지 않는다. 자본주의 사회에서 교환은 이전 시대와 다른 수평적 거래이며, 이것은 서로가 서로에게 이익이 되는 합리적인 관계라고 생각한다. 물론 그렇다. 왕이나 귀족의 일방적 증여가 아니라, 서로가 가진 재화를 화폐라고 하는 공통의 가치를 매개로 수평적으로 거래하는 것이야말로 주종관계가 아닌 일대일의 수평관계를 가능하게 하고, 이것이 민주주의 이념에도 부합하는 듯 보인다.

북미 인디언들의 문화 풍습인 포틀래취와 같이 추장이나 귀족의 시혜를 통한 고전적인 방식을 통해 분배가 이루어지는 것이 아니라, 자유로운 개인의 경제활동으로 부가 분배되는 시스템이야말로 인류가 성취한 최상의 정책처럼 보인다. 그러나 이러한 측면만 보다보면, 그 반대의 급부인 나의 이익이 타인에게 손해가 될 수 있는 가능성은 자주 은폐된다. 내가 많이 가진 만큼, 내가 많이 소비하는 만큼,

그것을 필요로 하는 타인과 사회에 많은 부담이 될 수 있다는 생태학적 책임에 대한 자각이 없는 것이다. 더욱이 우리가 지금 현재의 자원을 다 쓰면, 우리의 미래 세대가 누려야 할 많은 것을 소모시키게 된다.

오늘날 우리는 근대 경제학의 이념에 따라 도시화(Civil+ization)를 문명으로 생각하는 경향이 있다. 문명을 뜻하는 영어의 Civilization은 라틴어에서 유래했는데, 여기서 Civil은 라틴어로 '시민'을 뜻하기도 하고, '도시'를 뜻하기도 한다. 대도시가 많아지고, 생산 및 소비 인구가 많아지고, 프랑스의 봉 마르셰 같은 화려한 백화점이 많아지는 것이 문명으로 나아가는 길이라고 생각하는 데 익숙해져 있다. 하지만 이러한 문명에 대한 이해는 지나치게 일면적이다. 아무리 도시화가 많이 진행된다고 하더라도, 그 도시 안에 살고 있는 개인들이 서로 신뢰하지 않고, 사회적 책임을 다하지 않는다면, 불행한 사회일 것이다. 화려한 집에서 타인 없이 혼자 고독하게 살게 될 것이기 때문이다. 타인 및 사회 전체에 대해서 책임적인 관점을 가지는 것이 매우 중요하다. 교육이 언제나 다른 어떤 것에 의존하지 않는 최고선이어야 하는 이유가 바로 여기에 있다.

7. 자본의 폭력성에 대한 교육을 허하라
: 우리에게 자본의 폭력성에 대한 이해가 필요한 이유

 한상연 가천대학교 글로벌교양학부 조교수

여는 글

이 글은 자본의 폭력성에 대해 교육이 필요한 이유에 관한 내용이
다. 아마 보수적인 사람들 중에는 글의 제목을 보자마자 눈살을 찌
푸리는 이도 있을 것이다. 자본주의를 부정하는 좌파의 글일 것이라
지레짐작하면서 말이다. 아마 그런 사람들은 이 글을 다 읽고 나서
도 이 글의 저자가 좌파라는 의심을 거두지 않을 것이다. 하기야 신
자유주의 정책에 반대만 해도 곧장 좌파라는 비아냥거림을 듣기 십
상인 나라에서 '자본의 폭력성'을 논하는 글에 대해 그런 반응이 나
오는 것은 어찌 보면 당연한 일이기도 하다.

하지만 이 글은 대한민국 헌법 제1조 1항인 '대한민국은 민주공화국이다'라는 명제에서 출발한다. 당신이 좌파에 동조하는 사람이든 우파에 동조하는 사람이든 국민에게 자본의 폭력성에 대해 알 권리가 있음을 부정해서는 안 된다. 적어도 '대한민국은 민주공화국'이라는 명제에 동의하는 경우에는 그렇다는 뜻이다.

모든 사회체제는 이런저런 문제점과 모순을 지니고 있기 마련이다. 그리고 체제의 문제점과 모순은 반드시 국민 전체 혹은 국민 일부에게 가해지는 잠재적·현실적 폭력의 원인이 되는 법이다. 만약 대한민국이 진정으로 민주공화국이라면 국민은 대한민국의 기반이 되는 자본주의체제가 국민에게 어떤 폭력적 영향력을 행사하게 될지 알 권리가 있다. 이러한 권리를 부정하는 사람은 '대한민국은 민주공화국'이라는 대한민국 헌법 제1조 1항 역시 부정하는 자이다.

자본의 폭력성에 대한 교육은 국민의 당연한 권리이다. 이 말은, 국가권력은 자본의 폭력성에 관해 국민에게 교육을 통해 알릴 의무를 지니고 있다는 뜻이기도 하다.

국민의 주권을 부정하는 진영 논리

잘 알려져 있듯이 국민에게 주권이 있다는 생각은 존 로크, 장 자크 루소 등 여러 철학자에 의해 17세기와 18세기에 걸쳐 제기된 사회계약론으로부터 비롯되었다. 철학자마다 국민의 주권 및 사회계약의 의미에 관한 입장이 다르기는 하지만 사회계약론은 기본적으로 어떤 국가가 바람직한지 선택할 권리가 국민에게 있다는 관점에서 출발한다. 그리고 바로 이 점이 국민의 주권을 논함에 있어서 가장 강조되어야 할 핵심사상이다.

'나라의 주인은 백성'이라는 식의 생각은 근대 이전에도 있었다. 예컨대 왕이 왕답지 못하면 몰아내고 새로운 왕을 세울 수 있다고 생각한 맹자의 사상이 대표적이다. 그러나 맹자에게 있어 어떤 방식의 정치가, 어떤 유형의 사회체제가 백성을 위해 바람직한지 선택하고 결정하는 것은 어디까지나 현명하고 어진 군주의 몫이었다. 군자의 자질을 지니고 있는 현명하고 어진 군주가 백성을 위해 무엇이 바람직한지 백성보다 더 잘 알 수 있다고 전제한 것이다.

사회계약론에 바탕을 둔 근대 이후의 국민주권 개념은 바로 이 점에서 이전의 사상과 날카롭게 대립한다. 국민에게 주권이 있다는 생각은 국가가 추구해야 할 정책 방향이나 사회체제의 형태 등 모든 것을 결정할 권한이 기본적으로 국민에게 있다는 것을 함축한다. 물론 오늘날의 민주주의 국가에서도 국가를 실질적으로 이끌어가는 리더가 있다. 대통령중심제에서의 대통령이나 내각제에서의 수상이 그러한 리더이다. 그러나 민주주의 국가의 리더는 국민으로부터 권력을 위임받은 대리인일 뿐이다. 그는 국민의 의지를 실천에 옮기는 자로서 직무를 수행하는 것이지 국민의 의지와 무관하게 제멋대로 국가를 운영할 권리를 지니지는 않는다.

우리 사회에 만연한 맹목적 진영 논리에 관해 생각해보자. 내가 진영 논리 앞에 '맹목적'이라는 수식어를 붙인 이유는 자신이 동조하는 진영 입장에서 논리를 펼 권리가 국민에게 있기 때문이다. 개개인은 약하지만 같은 뜻을 지닌 사람들이 뭉치면 큰 힘을 발휘할 수 있다. 국민은 잘못된 권력이나 관행에 맞서 뭉치고 진영을 형성할 권리를 지녀야 한다. 이러한 권리를 부정하는 자야말로 실은 독재를 예찬하는 자이다. 섣불리 맹목적인 진영 논리의 부작용을 빌미로 진영을 형성할 국민의 권리를 부정하는 논리를 펴서는 안 된다는 뜻이다.

만약 진영 논리가 부정적인 어감을 지니고 있다면 그것은 자신과 입장이 다른 사람의 주장에 귀를 기울이지 않고 무조건 반박하려는 독선 때문일 것이다. 진영의 의미는 상황마다 다를 수 있다. 좌파 진영과 우파 진영이 나뉠 수도 있고, 신자유주의 진영과 그 반대 진영이 나뉠 수도 있으며, 특정한 정치인을 지지하는 진영과 반대하는 진영이 나뉠 수도 있다. 어떤 진영이든 국민은 외부의 압력과 간섭을 받지 않고 자유롭게 선택할 권리를 지닌다. 이러한 권리를 부정하는 자는 사상의 자유를 인정하지 않는 자이고, 더 나아가 국민에게 주권이 있음을 부정하는 자이다. 그런데 맹목적인 진영 논리에 빠져 논리나 객관성 등의 문제는 무시하고 상대를 무조건 반박하기만 하는 자가 바로 이러한 자이다. 맹목적인 진영 논리는 사상의 자유를 침해하는 것이요 국민주권을 침해하는 것이다.

이제 다시 자본의 폭력성에 대한 교육의 문제로 돌아가보자. 단적으로 말해, 자본의 폭력성에 대한 교육이 필요하다는 생각이 반드시 좌파 진영의 논리를 반영하기 마련이라고 생각할 이유는 없다.

자본주의 역사를 조금이라도 아는 사람은 과거의 자본주의가 얼마나 폭력적이고 야만적이었는지 잘 알고 있을 것이다. 이 말은, 자본주의가 폭력적이고 야만적이기만 하다는 뜻이 아니다. 자본주의와 민주주의의 발전에 어떤 필연적 연관이 있는지는 불확실하지만, 아무튼 자본주의가 전 지구적으로 퍼져나가면서 오랫동안 인류를 짓눌러왔던 신분제가 무너지기 시작했음은 부정하기 어렵다. 또한 자본주의를 바탕으로 번영을 구가한 국가도 결코 적지 않다. 그러나 한 가지 분명한 사실은 자본주의로 인해 비참한 처지로 내몰린 국가와 민족 또한 많다는 것이다. 심지어 번영하는 자본주의 국가들역시 자본주의의 폭력성에 대한 치열한 투쟁의 역사를 가지고 있으며, 그러한 투쟁은 오늘날에도 여전히 진행되고 있다.

자본주의의 폭력성에 맞서 싸운 투사들 가운데 좌파로 분류될 만한 사람들도 많지만 우파로 분류될 수 있는 사람들 역시 적지 않다. 이는 어찌 보면 너무나 당연한 일이다. 좌파든 우파든 국민을 사랑하는 자라면 자본주의의 폭력성에 의해 국민이 고통당하는 일이 없도록 최선을 다할 것이기 때문이다.

더 나아가, 무조건 자본주의여야 한다는 생각 역시 국민의 주권을 침해하는 맹목적이고 독선적인 진영 논리에 불과하다는 것이 확실하게 지적되어야 한다. 자본주의를 지향해야 할지 말아야 할지 결정할 최종적인 권리와 권한은 응당 국민이 갖는다. 감히 누가 국민에게 무조건 자본주의여야 한다고 윽박지를 권리를 지니는가?

자본주의에 대해 부정적이고 비판적인 국민들이 늘어나기를 원하지 않는다면 최대다수의 국민이 자본주의체제 안에서 자유와 행복과 부를 누릴 수 있도록 최선을 다하라. 만약 그렇지 못해 자본주의에 대해 부정적이고 비판적인 국민들이 늘어난다면 결코 자본주의를 비판할 국민의 권리를 제약하려 해서는 안 된다. 이유는 간단하다. 주권이 국민에게 있기 때문이다. 주권자인 국민 위에 감히 군림하려 들지 말라는 뜻이다.

맹목적 국제주의의 위험

국제주의는 원래 개별 국가의 이해를 초월해 민족이나 국가 사이의 협조와 연대, 통일 등을 지향하는 사상과 운동을 지칭하는 용어이다. 민족과 민족, 혹은 국가와 국가가 싸우지 않고 서로 협조하고 연대하는 것은 분명 좋은 일이다. 그러나 그러한 협조와 연대가 국민의 주권을 침해함으로써 얻어지는 것이라면 우리는 단호하게 반대해야 한다.

만약 누군가 어떤 국제주의적 목적을 위해 국민의 주권을 침해해도 좋다고 생각한다면 실은 참된 의미의 국제주의에도 반하는 주장을 하고 있는 셈이다. 국민의 주권이 위협받을 때 국가의 정책을 좌지우지하는 것은 소수의 권력자나 자산가일 수밖에 없다. 혹은 국적도 없는 대규모 국제 금융자본과 유착한 권력에 의해 국가의 정책이 결정될 수도 있다. 어떠한 경우든 국민이 주권자로서의 지위를 유지하지 못하는 국가가 늘어나는 것은 결국 대다수의 국가에서 점점 더 많은 국민이 불행해지는 결과로 귀착될 수밖에 없다. 자본주의 시대에 주권자로서의 권리를 빼앗긴 국민이 부유하고 행복한 생활을 할 수 있으리라는 환상을 품어서는 안 된다는 뜻이다.

유감스럽게도 오늘날과 같은 신자유주의 시대에는 교육 영역에서 공허한 국제주의적 관점이 강변되기 쉽다. 국제주의의 필요성을 제기할 근거는 대개 국가와 국가, 민족과 민족이 서로 갈등하고 투쟁함으로써 생겨나는 부정적인 결과들이다. 국가 간에 전쟁이 일어나는 것을 막으려면 차라리 국가라는 낡은 이념을 버리고 자본과 노동이 국경에 구애받지 않고 자유로이 넘나들도록 하거나 아예 여러 국가를 하나의 공동체로 묶어버리는 것이 낫다는 식이다. 이러한 주장에 대해서도 우리는 같은 말을 할 수 있다. 국민의 주권을 침해하는 결과로 이어지지 않는다면 자본과 노동의 자유로운 이동을 가능하게 할 새로운 국제질서를 모색해도 좋다. 그러나 그렇지 않은 경우엔 단호히 거부해야 한다. 그것은 결국 대다수 국민들에게 가해질 새로운 폭력과 억압의 서막이 될 것이기 때문이다.

아마 혹자는 국가가 해체되고 새로운 공동체가 결성되는 마당에 어떻게 국민의 주권에 관해 논할 수 있겠느냐고 반문할지도 모르겠다. 말장난에 빠져서는 안 된다. 개별 국가든 여러 국가를 연합해서 구성된 국제 공동체든 소수의 특권층이 아니라 절대다수의 구성원들에게 주권이 부여된 사회는 민주주의적 원리에 의해 움직인다. 새로운 국제 공동체가 결성되고, 절대다수의 구성원이 그 안에서 자유와 평등을 누리며 주권자로서 살아갈 수 있다면 좋은 일일 것이다. 하지만 그렇지 못하면 나쁜 일이다. 국제주의라는 달콤한 말에 미혹되어 절대다수의 사람들에게 나쁜 일을 행하려 해서는 안 될 것이다.

맹목적으로 국제주의를 추종하는 사람들이 보이는 한 가지 특징은 구체적 현실보다 추상적 이념을 더 중요시한다는 점이다. 현실 속에서 사람들은 상이한 계층과 계급으로 나뉘어 있다. 때문에 자본과 노동의 자유로운 이동을 가능하게 할 국제질서의 구축이 모든 사람에게 긍정적인 것은 아니다. 더 나아가, 새로운 국제질서나 국제공동체의 구축을 지향하는 사람들 모두가 어떤 고상한 정치적 이념을 실현하기를 원하는 것도 아니다. 새로운 국제질서나 국제공동체를 구축하는 것이 자신에게 유리하다고 여기는 사람은 찬성할 것이고 불리하다고 여기는 사람은 반대할 것이다. 계층 및 계급 간의 상이한 이해관계를 염두에 두지 않고 국제주의라는 명목하에 국가의 의미를 섣불리 퇴색시키는 것이야말로 국민의 주권에 대한 심각한 도전이요 그 찬탈이다. 새로운 질서를 모색하는 경우 우리는 언제나 국민이 주권자로서의 지위를 보존할 수 있을지 물어야 한다. 그렇지 않은 경우 새로운 질서 확립이 초래하는 것은 예속과 굴종뿐이다.

한 가지 예를 들어보자. 오늘날 많은 사람이 유럽 연합의 위기에 관해 말한다. 이민자들의 대량 유입으로 인해 개별 국가들 안에서 서로 대립적인 여론이 형성되고, 갈등과 투쟁이 빈번하게 일어나며, 대다수 국민의 소득과 임금 역시 나날이 줄고 있다는 등의 이야기가 자주 뉴스에 오르내린다.

그런데 대체 누구를 위한 위기란 말인가? 임금이 적어지는 것은 임금으로 먹고 사는 사람에게는 위기이지만 고용주 입장에서는 위기가 아니다. 평범한 시민들이 서로 연대하지 못하고 갈등하고 투쟁하는 것은 분명 시민사회의 위기이다. 그러나 이러한 위기는 소수의 권력자와 거대 자본이 함부로 전횡을 일삼지 못하도록 막아야 할 시민들의 역량이 감소되었음을 뜻할 뿐이다. 유럽 연합을 마땅히 추구해야 할 정의로운 이념의 구현체로 이해할 경우 유럽 연합 내에서 일어나는 여러 가지 문제는 위기의 징후로 읽힐 수 있다. 그러나 유럽 연합 내에서 서로 다른 목적을 추구하는 제 세력들이 있음을 염두에 둔다면 유럽 연합이 안고 있는 여러 가지 문제가 모두에게 부정적인 의미만 지니는 것은 아니라는 것을 이해할 수 있을 것이다.

물론 이러한 문제들로 인해 손해를 보는 자본가들도 있을 것이고, 유럽 연합이 민주주의를 위협하지 않는 방향으로 발전해나가게끔 노력하는 권력자 역시 있을 수 있다. 그러나 환상을 품어서는 안 된다. 하나의 이념 아래 뭉친 사람들의 이해관계조차 시간이 지나면 결국 갈라지는 법이다. 바로 그 때문에 어제의 정치적 동지가 오늘의 적이 되는 일이 빈번하게 발생한다. 하물며 사람들 사이에서 찬반이 극명하게 나뉘는 이념을 추구하는 사람들 모두가 사적인 이해관계에 얽매이지 않고 공평무사하리라 기대하는 것은 바보나 하는 짓이다.

국민의 주권을 존중하는 교육은, 현실세계란 상이한 이해들이 서로 충돌하는 세계라는 것을 분명히 해야 한다. 특정한 정치적 이념을 모두에게 바람직한 절대선인 것처럼 강변하는 일은 국민의 주권에 대한 심각한 침해라는 뜻이다.

상이한 힘들이 충돌하는 갈등의 장으로서의 교육 현장

혹자는 '대한민국은 민주공화국'이라는 대한민국의 헌법 제1조 1항은 민주공화국이라는 정치적 이념을 절대선으로 전제하는 것 아니냐고 물을지도 모르겠다. 물론 그렇다. 헌법은 대한민국이 나아가야 할 근본적 지향점이 어디 있는지 알리는 지침서와도 같다. 그렇기에 대한민국 헌법의 으뜸가는 조항은 대한민국의 국민이 마땅히 받아들여야 할 정치적 이념이 무엇인지 알린다.

그렇다고 이 조항을 근거로 삼아 민주공화국이라는 정치적 이념이 모두에게 바람직한 절대선을 제시한다고 여겨서는 안 된다. 이러한 조항이 대한민국 헌법의 으뜸가는 조항으로 명시될 필요성은 '그 누구에게도 국민 위에 군림할 특권이 허용되어서는 안 된다'는 당위적 명제에 의거한다. 즉 대한민국 헌법 제1조 1항은 '민주공화국이라는 정치적 이념을 자신에게는 바람직하지 않은 것으로 여기고 호시탐탐 국민 위에 군림하려 할 잠재적·현실적 세력이 있음을 알고 늘 경계해야 한다'는 뜻을 함축하고 있다. '민주공화국'의 이념은 모두에게 바람직한 절대선이 아니다. 그것은 오직 '그 누구도 국민 위에 군림하려 해서는 안 된다'는 당위적 명제에 동의하는 자에게만 절대선으로 통용될 수 있을 뿐이다.

민주공화국의 교육 현장은 국민에게 주권이 있음을 긍정하는 세력과 그렇지 않은 세력의 힘들이 충돌하는 갈등의 장으로 이해되어야 한다. 사실 여기에 현대사회의 교육이 지니는 딜레마가 놓여 있다. 현대사회의 교육은 결코 인격 함양만을 위한 것이 아니다. 그것은 동시에 생산의 효율성 증대를 위한 것이기도 하다. 민주주의 사회에서 참된 의미의 인격 함양은 주권자로서의 삶을 가능하게 할 자유분방하고 탈권위적인 기질의 함양과도 같다. 그러나 생산의 효율성이 증대하려면 사회 구성원들은 생산에 적합한 자질 또한 갖추어야 한다. 대체로 생산에 필요한 기능적 지식의 습득, 인내심, 상급자의 권위에 대한 복종심과도 같은 것이 생산에 적합한 덕목으로 손꼽힌다.

'국민에게 주권이 있다'는 관점이 확립되기 이전에는 이러한 딜레마가 존재하지 않았다. 통치자가 될 지배계층과 생산자가 될 피지배계층이 나뉘어 있다는 생각이 당연시되었기 때문이다. 만약 지배계층과 피지배계층이 나뉘어 있어야 한다는 생각에 동의한다면 지배계층은 통치자로서의 덕목을 갖추어야 하고 피지배계층은 생산자로서의 덕목을 갖추어야 한다는 결론이 따라 나온다. 하지만 이런

식의 생각은 민주공화국에서는 맞지 않다. 민주공화국에서 국민은 생산자인 동시에 주권자이기 때문이다. 물론 이 말은, 민주공화국의 국민은 생산자로서의 덕목과 주권자로서의 덕목을 모두 갖추어야 한다는 뜻이기도 하다.

그렇다면 국민은 어떻게 생산자로서의 덕목과 주권자로서의 덕목을 모두 갖출 수 있을까? 이러한 문제를 해결해나가는 데 있어 반드시 염두에 두어야 할 점은 모두에게 바람직한 절대선으로서의 교육은 존재하지 않는다는 사실이다. 그렇다고 모두에게 바람직한 절대선으로서 교육의 이념을 추구해서는 안 된다는 식으로 생각할 필요는 없다. 모든 인간이 공평무사하고도 자유분방한 인격체가 될 수 있다면, 그리고 늘 그러한 방향으로 작용하는 교육이 있을 수 있다면 얼마나 좋겠는가? 그러나 이념의 추구는 현실에 대한 냉정한 관찰과 이해에 토대를 두고 있어야 한다. 성인군자가 아닌 다음에야 인간은 사적 이해에 얽매여 있기 마련이고, 현실세계에서의 교육 또한 상이한 목적을 추구하는 제 세력의 힘들이 이데올로기적으로 충돌하는 갈등의 장이기 마련이다.

당연한 말이지만 모든 교육이 좋은 것은 아니다. 국민의 주권에 대한 명확한 인식 없이 행해지는 교육은 인격 함양이라는 기치 아래 권위주의적 도덕규범을 학생들에게 내면화함으로써 복종적 개인을 양산하는 결과를 초래할 수밖에 없다. 그런데 이러한 잘못된 교육은 대개 특정한 이념을 교육이 추구해야 할 절대선인 양 호도하고 강변함으로써 생겨나고 강화된다. 상황에 따라 애국이 그러한 이념으로 제기될 수도 있고 인종과 국가의 경계를 넘어 온 인류가 하나 되자는 식의 세계주의가 그러한 이념으로 제기될 수도 있다. 맹목적이지 않다면 애국도 좋은 일이고 온 인류를 한 동포처럼 여기는 일도 좋은 일이다. 그러나 다시 한 번 강조하건대 어떤 이념도 국민의 주권에 대한 침해를 정당화할 수는 없다.

국민의 주권에 대한 침해가 정당화될 수 없다는 말을 국가가 영속해야 한다는 식의 주장으로 오인해서는 안 된다. 중요한 것은 공동체의 모든 구성원이 공동체의 주권자로서 존재해야 한다는 당위성이다. 국민에게 주권이 있다는 사상은 국가를 넘어 모든 구성원의 주권을 보증해줄 공동체가 현실적으로 존재하지 않는다는 것을 반영할 뿐이다. 만약 모든 구성원이 주권자로서의 권리를 누리는 국제공동체가 결성된다면 그러한 국제 공동체의 결성에 의해 초래된 국가의 해체는 국민의 주권을 침해하지 않는다는 결론이 나온다. 모든 개개인이 여전히 주권자로서의 지위를 유지하기 때문이다.

표면적으로 보면 세계주의 내지 국제주의와 애국을 내세우는 맹목적 국가주의는 대립적이다. 전자는 국가를 절대화하지 않지만 후자는 국가를 절대화하기 때문이다. 그러나 국민의 주권에 대한 명확한 이해와 긍정을 전제로 하지 않는 한 그 둘은 한 가지 점에서 같다. 그것은 국민에게서 주권자로서의 권리는 앗아가면서 생산자로서의 의무는 강화한다는 점이다.

오늘날 신자유주의의 논리가 횡행하는 국가에서 어떤 일이 벌어지고 있는지 한 번 살펴보라. 국민에게 주권자로서의 의식과 덕목을 지니게 할 교육은 점점 더 축소되는 반면, 생산성 증대에 유용한 교육은 점점 더 확대되고 있다. 맹목적인 애국주의의 광풍이 불어닥칠 때 국민에게 주권자로서의 권리는 부정되고 국부의 증대를 위해 생산에만 전념할 것을 강요하는 일이 벌어지는 것과 마찬가지로 말이다.

자본주의의 폭력성과 인간 해방을 위한 교육

20세기의 대표적 교육사상가 파울로 프레이리는 교육의 궁극적 목표가 인간 해방임을 천명한다. 물론 인간 해방은 인간이 여전히 예속되어 있음을 전제로 한다. 우리는 어디에 예속되어 있는가? 무엇이 우리로 하여금 한 인간으로서 해방된 삶을 살지 못하게 강제하는가? 자본주의체제에서 우리를 예속하는 억압 기제들은 무엇보다 사회의 구성원을 자본주의적 생산 도구가 되게끔 몰아세우는 자본주의의 성향에 의해 생겨난다. 이윤의 극대화를 추구하는 자본의 논리가 무제약적 힘을 발휘할 때 국민은 주권자가 되기보다 생산의 도구로 전락하는 것이다.

『페다고지』, 『교육의 의식화』 등의 저술에서 프레이리는 학생들의 문제제기 능력을 활성화하는 교육을 강화해야 한다고 역설한다. 근대적인 학교제도에서는 한 명의 교사가 수십 명의 학생을 상대로 표준화된 지식을 주입하는 식으로 교육이 이루어진다. 프레이리에 따르면 이러한 교육은 결코 지식의 전수만을 의미하지 않는다. 표준화된 지식을 주입받으며 잠자코 교사의 강의를 듣고 있는 사이 학생들은 자기도 모르게 자기 의견을 세울 줄 모르는 수동적이고 복종적인 인간으로 변화해간다. 주입식 교육을 받으며 학생들은 지식뿐 아니라 복종하는 법도 함께 배우게 되는 것이다.

한마디로 인간 해방으로의 첩경은 스스로 문제를 발견하고 이의를 제기할 수 있는 역량의 함양에 있다. 물론 이러한 역량이 반드시 인간 해방으로 이어진다고 볼 수는 없다. 예컨대 인간 해방에 관심을 두지 않고 회사에 맹목적으로 충성하고 직장에서의 업무에만 전념하는 사람이 상사에게 이런저런 문제제기를 하는 경우가 그러하다. 그가 제기하는 문제들은 한결같이 생산의 효율성을 저해하는 원인들에 관한 것이다. 그는 사원들의 활동을 효율적으로 감시할 체계의 부재가 생산성 저하로 이어진다는 것을 문제 삼을 수도 있고, 이경우 그의 문제제기 능력은 인간 해방은커녕 더욱 맹렬한 인간의 도구화로 이어지기 십상이다.

인간 해방을 가능하게 할 우리의 역량 함양은 응당 인간 해방에 대한 관심을 전제로 한다. 자본의 폭력성에 대한 교육이 필요한 이유가 바로 여기에 있다. 자본의 논리가 자칫 인간의 예속화를 초래할 폭력의 기제일 수 있음을 분명히 해두지 않으면 우리는 심지어 자신이 예속되어 있다는 사실조차 자각하지 못할 수도 있다. 얼마나 많은 사람이 자신의 예속 상태에 둔감한가? 여가시간이라고는 거의 없이 밤낮으로 일만 하면서도 자신이 자유주의국가의 국민으로서 자유롭게 살고 있노라 착각하는 사람들은 또 얼마나 많은가? 가장 절망적인 노예는 자신이 예속되어 있음을 자각조차 하지 못하는 자이다. 자본주의 사회에서 인간 해방에 대한 관심의 부재는 절망적인 예속으로의 첩경일 뿐이다.

그렇다면 인간 해방을 위해 우리는 무엇을 어떻게 해야 할 것인가?

우선 자유의 조건에 대한 현실적이고도 구체적인 성찰이 선행되어야 한다.

실질적인 의미의 자유는 일에 얽매이지 않고 자신을 위해 쓸 수 있는 여가시간을 통해 구현된다. 물론 여가시간이 있다고 누구나 자유로운 것은 아니다. 마약중독자라면 자신의 여가시간을 마약에 예속된 상태에서 허비하게 될 것이다. 그러나 아무튼 여가시간 없는 자유란 허명에 불과하다. 참으로 인간 해방을 원하는 자는 최대다수의 인간들이 가능한 한 많은 여가시간을 누릴 수 있는 사회를 구축하려 노력해야 한다는 뜻이다.

둘째, 자기 자신 안에 내면화된 모든 예속에의 경향에 맞서 싸우는 법을 배워야 한다.

우리는 언제나 이미 사회화된 존재로서 삶을 영위한다. 사회화된 존재로서 우리에게는 우리 사회의 지배적인 가치관과 규범 체계가 내면화되어 있으며, 타인과 경쟁할 것을 부추기는 생존경쟁의 논리 또한 내면화되어 있다. 우리에게 내면화된 가치관과 규범체계, 생존경쟁의 논리가 반드시 나쁜 것이라고 전제할 필요는 없다. 살기 위해선 때로 투쟁할 줄도 알아야 하고, 지배적인 가치관과 규범체계의 좋은 점을 발견하고 존중하는 법도 배워야 한다. 그러나 주위의 모든 사람이 나와 동등한 주권자로서 나와 함께 자유와 해방을 위해 투쟁할 잠재적·현실적 동지라는 것에 대한 이해가 늘 우선되어야 한다. 오직 그런 경우에만 우리는 우리에게 내면화된 가치관과 규범 체계가 인간 해방에 역행하는 측면을 지니고 있는지 반성적으로 살펴볼 수 있고, 타인과의 경쟁이 우리 모두가 주권자로서 지니는 권리를 약화하는 방향으로 작용하지 않게끔 경계할 수 있다.

일찍이 장 자크 루소가 잘 간파한 것처럼 개별 인간의 사적인 의지는 주권자로서의 의지와 일치하기 어렵다. 개별 인간의 사적인 의지 자체가 사회화로 인해 개별 인간에게 내면화된 지배적 가치관과 규범체계, 생존경쟁의 논리 등에 의해 발현되는 것이기 때문이다. 국민이 주권자라는 민주주의의 대명제는 국민 모두의 자유와 해방을 보증해줄 사회를 구현해나갈 역량과 의지를 국민이 지닐 수 있고 또 지녀야 한다는 신념을 함축하고 있다. 우리는 우리 자신의 사적인 의지가 국민 모두의 자유와 해방을 향한 공동체적 의지와 충돌하지 않게끔 자율적으로 성찰하고 남들과 논의할 당연한 권리와 의무를 지닌다. 그러한 일이 우리의 권리인 까닭은 오직 그러한 성찰과 논의를 통해서만 우리 자신이 주권자로서 바로 설 수 있기 때문이다. 또한 그러한 일이 우리의 의무인 까닭은 오직 주권자로서 바로 서려 노력하는 자만이 국민의 주권을 확립하고 보호하는 데 이바지할 수 있기 때문이다.

셋째, 국민의 주권을 침해하는 모든 사회적 경향에 단호히 맞서 싸우는 법을 배워야 한다.

이 또한 우리 모두가 주권자로서 지니는 당연한 권리이자 의무이다. 자신의 주권을 지키기 위해 싸울 결의를 지니는 자만이 주권자일 수 있다. 또한 오직 그러한 자만이 자신의 이웃을 주권자로서 이해하고 존중할 수 있다.

자본주의는 결코 완벽하지 않다. 자본주의가 안고 있는 이런저런 문제들은 결국 국민 주권의 침해로 이어지기 쉽다. 그렇기에 우리는 자본의 폭력성에 대한 명확한 이해를 구해야만 한다. 국가권력은 자본의 폭력성에 대한 자유로운 교육과 논의를 허용해야 할 뿐만 아니라, 국민 모두에게 적극적으로 그러한 기회를 제공해주어야 한다. 대한민국 헌법 제1조 2항에 명시되어 있는 것처럼 대한민국의 주권은 국민에게 있고, 모든 권력은 국민으로부터 나오기 때문이다.

국민에게 미리 나아가야 할 방향을 지시하고 윽박지르려 하지 마라. 국민에게 자본주의의 폭력성에 대한 비판을 불허하려는 모든 세력은 국민 주권의 찬탈자요 실질적인 쿠데타 세력이다. 민주공화국에서 국가란 국민의 주권을 명시한 헌법과 같은 것이기 때문이다.

닫는 글을 대신하여: 조지 오웰의 『1984』를 기억하며

우리 사회에서 자본주의를 절대시하는 주장을 듣는 일은 흔하다. 자본주의를 맹목적으로 옹호하는 사람들은 곧잘 자본주의에 대한 비판이란 곧 공산주의적 사상의 발로이고, 공산주의는 개개인의 자유를 부정하는 전체주의라는 식으로 주장한다. 아마 지난 세기의 역사 속에서 공산주의를 지향했던 대다수 국가들이 전체주의적인 성향을 띤 것은 사실일 것이다. 그러나 자본주의에 대한 비판을 불허하려는 자들 역시 자유의 말살을 지향하는 전체주의자들일 뿐이다. 그이유는 간단하다. 자본주의에 대한 비판의 불허는 자본주의를 국민 모두가 당연히 받들어야 할 최상위 가치로 여김을 전제로 한다. 국민 주권보다 상위의 가치가 있음을 전제하는 것은 모든 권력이 국민으로부터 나온다는 헌법의 정신을 부정하는 것과 같다. 국민의 주권과 자유를 부정한다는 점에서 결국 자본주의에 대한 맹목적 옹호역시 전체주의적 이데올로기의 발로일 수밖에 없다는 뜻이다.

그 사례를 멀리서 찾을 필요도 없다. 독립 이후 이승만 정권이 출범한 때부터 대한민국의 경제체제는 늘 자본주의였고, 대한민국은 자본주의 외에 다른 어떤 경제체제도 경험해본 적이 없다. 그렇다면 대한민국은 늘 자유로웠는가? 자본주의 비판을 금기시하는 자들은 북한과 같은 공산주의 사회보다 대한민국이 자유롭다고 강조한다. 그러나 분명한 사실은 대한민국은 길고도 지난한 독재의 역사를 지니고 있다는 점이다. 독재자는 늘 개개인의 자유를 제한하거나 아예 말살하려는 성향을 보이기 마련이다. 개개인의 자유로운 말과 행동만큼 독재에 위협되는 것은 없기 때문이다. 대한민국이 공산주의 사회보다 자유롭다면, 그것은 오직 독재에 대한 국민의 항거가 있었기 때문이다. 독재에 대한 국민의 항거가 없었다면 대한민국은 지금쯤 전체주의적 자본주의 사회가 되어 있을 것이다.

　아마 자본주의를 절대시하는 사람이라면 전체주의적 자본주의라는 말이 일종의 형용모순에 불과하다고 느낄지도 모르겠다. 자본주의는 전체주의와 상극이라고 생각하면서 말이다. 만약 자본주의와 전체주의가 상극관계에 있다면, 자본주의를 부정하는 세력은 본질적으로 전체주의적이지만 반대로 자본주의를 옹호하는 세력은 어떤 경우에도 전체주의적일 수 없다는 결론이 나온다. 하지만 이보다 더 우스꽝스러운 단순논리는 있을 수 없다. 자본주의는 하나의 경제체제를 지칭하는 말일 뿐이다. 자본주의적 경제체제를 지닌 국가가 국민의 권리와 자유를 말살하려는 독재자에 의해 장기간 지배되는 일은 지난 세기의 역사 속에서 수없이 반복되어 온 일이며, 지금도 계속되고 있다. 하나의 국가가 어떤 경제체제에 기반을 두고 있는가의 문제는 그 국가가 전체주의적인가 여부를 결정하는 시금석이 될 수 없다. 유일무이한 기준은 오직 국민의 주권과 자유이다. 자본주의적이든 아니든, 국민의 주권과 자유가 보장되는 국가라면 전체주의적이지 않지만, 그 반대 경우라면 전체주의적이라는 뜻이다.

　현대인에게 전체주의의 전형은 조지 오웰의 미래 소설 『1984』에 묘사된 빅브라더 사회이다. 아마 이 소설보다 '전체주의란 곧 공산주의'라는 선입견이 생기는 데 기여한 작품도 없을 것이다. 실제로 『1984』에서 묘사된 숨 막히는 통제사회의 모습은 스탈린주의와 국가사회주의를 모델로 삼았다. 빅브라더로 불리는 독재자에 의해 사회 모든 구성원의 일거수일투족이 감시당하는 사회가 오웰이 생각하는 공산주의의 미래였다는 뜻이다. 그러나 오웰은 결코 자본주의 예찬자가 아니었다. 도리어 그 반대였다. 오웰은 자본주의에 대한 단호한 비판자였다. 오웰은 자본주의에서 사회구성원들의 권리와 자유를 억압하는 폭력의 기제를 보았다. 그가 스탈린주의를 비판한 것은 그것이 반자본주의적이었기 때문이 아니라, 다만 자본주의보다 더욱 폭압적이었기 때문이다.

당연한 말이지만 스탈린주의에 대한 비판이 곧 자본주의에 대한 옹호를 뜻할 수는 없다. 스탈린주의가 전체주의적이었다는 것으로부터 스탈린주의와 대결했던 자본주의 국가들이 전체주의적 성향과 무관했다는 결론이 따라 나오지는 않는다는 뜻이다. 그것은 마치 두 독재자가 서로에 대해 비판적이라고 해서 두 독재자 중 하나는 독재자가 아니라고 추론할 수 없는 것과 같다.

조지 오웰의 본명은 에릭 아서 블레어이다. 블레어는 1903년 인도의 뱅골에서 태어났다. 당시 인도는 영국의 식민지였고, 블레어의 아버지는 영국 태생의 식민지 공무원이었다. 두 살 때 영국으로 돌아온 블레어는 훗날 아버지처럼 식민지 공무원이 된다. 당시 인도의 한 주였던 버마(현 미얀마)에서 그는 5년 동안 근무했다. 버마의 인구는 1,300만 명 정도였고, 그들은 100명도 채 되지 않는 영국인 경찰들에 의해 관리되었다. 부유하지 못했음에도 블레어는 어느 날 사표를 내고 말았다. 그는 식민지 주민들이 가혹한 제국주의적 폭압에 시달리고 있다는 사실에 견디기 힘든 양심의 가책을 느꼈다.

1928년 블레어는 이모가 살던 파리로 이주했다. 그곳에서 블레어는 몇몇 잡지에 프리랜서로 기고하기도 했지만 먹고살기 위해 접시 닦이 같은 일을 해야만 했다. 1929년 가난과 질병에 지쳐 영국으로 돌아온 블레어는 독특한 방식으로 자신의 과거를 속죄하기 시작했다. 영국에서 블레어의 가족은 자리를 잘 잡은 편이었고, 그 때문에 그는 비교적 여유롭게 생활할 수 있었다. 하지만 블레어는 자신이 억압받는 자가 되어 세상을 체험해보기로 했다. 한동안 그는 런던의 빈민가에서 홈리스로 살았으며, 거지처럼 옷을 입었고, 부랑자들과 어울리며 영국 전역을 떠돌아다니기도 했다. 블레어는 자신의 첫 번째 저서 『파리와 런던에서의 빈털터리 생활』에서 자신이 밑바닥 인생으로 경험한 일들을 진술한다. 그가 조지 오웰이라는 필명을 사용하기 시작한 것도 바로 이때였다.

당시 런던과 파리는 자본주의의 정점이라고 할 만한 곳이었다. 전 세계에서 자본주의가 가장 발달한, 그리고 수많은 식민지를 거느린, 제국주의 국가 영국과 프랑스의 수도였다. 이 두 도시에서 밑바닥 생활을 하며 조지 오웰은 과연 무엇을 생각하고 느꼈을까? 무엇보다 우선 자본의 폭력은 국적을 가리지 않는다는 사실이었다. 식민지 공무원으로 일하던 오웰이 사표를 낸 것은 제국주의적 폭압에 시달리던 식민지 국민에 대한 연민과 죄책감 때문이었다. 그러나 제국주의적 폭압이 자국의 국민에게 특별히 너그러운 것도 아니었다. 자본주의적 생산체제에 편입하지 못한 인간들은 어디에서나 잉여인간에 지나지 않았고, 국가는 그들을 보호하지 않았다. 그들에게 자본주의란 무조건 옹호되어야 할 만큼 고귀한 이름이었을까? 생산력의 증강만을 지향할 뿐 국민을 주권자로서 보호하지 않는 국가가 전체주의 국가와 대체 무엇이 다를까?

『1984』로 인해 흔히 반공주의자처럼 언급되곤 하지만 오웰의 사상은 사실 사회주의적이었다. 그는 스탈린주의적 전체주의의 위협에 맞서 개개인의 자유와 권리를 보증할 가능성을 자본주의가 아니라 사회주의 사상에서 찾기를 원했다. 그 때문에 그는 무정부주의에 크게 매료되기도 했으며, 실제로 그가 꿈꾸었던 사회는 무정부주의적 원리와 사회주의적 원리가 이상적으로 절충된 사회였던 것으로 보인다.

물론 오웰이 꿈꾸었던 사회가 우리 모두가 지향해야 할 사회라고 믿을 필요는 없다. 국민이 주권자인 사회에서 미래는 늘 열려 있어야 한다. 자본주의를 지향하든 사회주의를 지향하든, 혹은 아예 자본주의적이지도 않고 사회주의적이지도 않은 어떤 사회를 지향하든, 선택은 결국 주권자인 국민의 몫이어야 한다는 뜻이다.

한 가지 분명한 것은 오웰의 경고가 오늘날에도 여전히 유효하다는 사실이다. 스탈린주의가 역사의 뒤안길로 사라져버렸어도, 오늘 우리가 살고 있는 이 사회가 선거로 대통령과 국회의원을 뽑는 사회이더라도, 전체주의의 위험은 도처에 남아 있다. 아마 전체주의의 위험이 아주 사라지는 날은 영원히 오지 않을 것이다. 전체주의란 우리의 믿음을 먹고 자라는 괴물이기 때문이다. 이 사회의 모든 구성원이 주권자로서 자유롭고 안전하게 살아갈 권리를 갖는다는 당연한 생각이 부정될 때, 국민의 주권보다 존엄한 이념이 존재한다는 잘못된 믿음이 우리 안에서 자라날 때, 이런저런 이념을 내세워 자유롭게 말하고 행위할 국민의 권리를 제한하려는 자들의 목소리가 커질 때, 우리는 이미 전체주의의 위험에 직면해 있는 것이다.

민주주의란 자신의 주권을 지키기 위한 국민 모두의 단호한 의지와도 같다. 자본주의 사회든 사회주의 사회든, 혹은 다른 어떤 사회든, 자신의 주권을 지키려는 국민의 의지가 단호하지 못한 곳에서는 전체주의의 망령이 떠돌기 마련이다. 혹자는 제법 똑똑한 척하며 민주주의란 실현되지 못할 이상에 불과할 뿐, 현실 사회는 언제나 소수 엘리트에 의해 지배되기 마련이라고 주장하기도 한다. 하지만 자신의 주권을 지키려는 국민에게 이런 한가한 진단은 아무 도움도 되지 않을뿐더러 실은 아무 의미도 없다. 주권을 지키려는 의지가 살아 있는 한, 민주주의는 언제나 이미 세상을 움직이는 강력한 힘으로서 실현되어 있기 때문이다.

오늘날 한국 사회를 사는 우리에게 교육독립선언이 필요한 이유도 바로 여기에 있다. 교육은 국민 모두에게 주권자로서의 의식과 의지를 함양하는 방향으로 작용해야 한다. 오직 이러한 교육만이 세상을 움직이는 가장 강력한 힘으로서 민주주의를 실현해나가는 데 기여할 수 있기 때문이다. 그렇지 못한 교육은 이미 교육이 아니다. 그것은 오직 국민 모두에게 행사되는 억압의 기제일 뿐이다.

8. 전위적 대중과 우정의 통일 교육

 심상우 희망철학연구소 철학 교수

여는 글

"통일은 대박이다"라는 메시지로 박근혜 정부가 대중으로부터 환호를 받은 지 몇 해가 지났다. 무엇이 대박이었을까? 던져놓은 낯선 물음 앞에서 대답은 여전히 진행형이다. 추정컨대 경제적인 문제인 듯하다. 그녀의 메시지가 던져지기 얼마 전, 세계적 투자 전문집단인 골드만삭스가 한반도의 통일이 실현된다면 새로운 기회의 요인이 될 것이라고 언급했다. 북한의 성장 잠재력이 실현될 경우 한반도는 30~40년 안에 GDP 규모가 독일과 프랑스, 그리고 일본을 추월할 것이고, 1인당 GDP가 2030년에 4만 3천 달러, 2050년에는 8만 5천 달러에 이를 것이라고 추정했다. 골드만삭스의 이러한 평가에 따르면 통일은 한반도의 새로운 지평을 열어줄 단초이자, 우리의 삶을 획기적으로 변화시킬 상수인 것이다.

이러한 평가에도 불구하고 오늘날 다수의 사람은 통일의 당위성과 명분을 찾지 못하고 있다. 더욱이 분단의 아픔조차 공감하지 못하는 이들이 늘어나고 있는 실정이다. 더욱 안타까운 것은 분단의 아픔과 고통을 경험한 세대가 점점 줄어들수록 통일에 대한 관심은 더욱 축소되고 있다는 점이다. 남한 젊은이들의 경우 남북통일은 민족의 위업이라고 생각하기보다는 경제적 재앙이라고 생각하는 경향이 있다. 무엇에 근거한 논리인지 모르겠지만 통일은 천문학적인 통일비용과 경제, 정치, 사회 혼란을 초래할 수 있는 사건일 뿐이라고 진단한다. "정말 그럴까?"라고 되물으면 얼버무리는 실정이다. 왜냐하면 논리적 근거가 희박하기 때문이다.

골드만삭스의 평가 후 일부에서는 통일에 대한 새로운 기대가 일고 있는 실정이다. 안정적이던 남한의 경제구조가 차츰 어려움에 직면하면서 젊은 세대 중 일부는 새로운 블루오션으로 북한을 지목하기 시작했다. 남북한 모두 살길은 통일뿐이라는 것이다. 다시 말해 통일은 국가 차원의 새로운 블루오션을 개척할 수 있도록 해줄 뿐만 아니라 강대국으로 성장하는 길이다. 적어도 1990년대 초반까지 다수는 통일을 경제구조의 문제보다는 민족의 동일성에 방점을 두고 논의했다면 2000년대 들어서면서 통일의 문제는 경제적 문제와 연동되기 시작했다.

본 연구는 통일을 위한 외부적인 조건인 정치·경제·사회·문화에 대한 검토보다는 통일의 정신이 지녀야 할 기본 조건들에 대한 검토를 교육 차원에서 논의하는 데 목적이 있다. 이제껏 통일 교육은 정치적 입김에 의해 좌지우지되는 경향을 보여왔다. 그러다보니 통일 교육은 남북 모두 이데올로기의 주입에 혈안이 되었으며, 그 과정에서 통일이 궁극적으로 지향해야 할 평화와 화해의 관점에 대한 심도 깊은 논의가 시도되지 못했다. 지금은 이전과 다른 통일을 준비하는 적기다. 통일 교육은 안보와 평화, 그리고 통일을 국가 지향의 근본가치로서 교육해야 한다. 이 세 부분이 조화롭게 어우러져야 한반도에 통일이 가능하다.

통일의 사회적 통합 지향성을 위한 재개념화로서 대중

통일의 주체인 남과 북의 대중은 어떤 정체성을 지니고 있는가? 이 물음에 답하기 전에 대중의 의미들에 대한 검토가 필요하다. 대중을 인식하는 관점을 크게 세 가지로 나눠볼 수 있다. 첫째, 토머스 홉스로부터 20세기의 정치철학자 카를 슈미트는 대중은 무력하고 우매하기에 소수 엘리트의 지배를 받을 수밖에 없는 존재라고 주장한다. 따라서 대중을 이끄는 지도자는 강력한 리더십을 통해 우매한 대중을 이끌어야 한다. 파시즘과 나치즘의 대중인식 역시 바로 이러한 이해에 근거해 있다. 둘째, 근대 산업사회를 지나면서 자본가는 대중을 무기력하고 수동적인 존재로 평가한다. 자본가는 대중이 지닌 이러한 특징을 개발과 혜택이라는 명목으로 그들의 노동력을 탈취할 수 있는 명분을 얻고자 했다. 자본가는 아무런 양심의 가책이 없이 노동자의 노동력을 탈취했다. 셋째, 대중은 소수 엘리트의 지배력에 의해 이용당하고 억압받으면서도 스스로 각성하여 자기실현과 사회적 모순을 극복할 수 있는 존재이다.

앞선 세 가지 주장 중 사전적 의미와 맥을 같이하는 것이 세 번째 주장이다. 사실 대중(masse)은 무언가로 주조될 수 있는 물질 덩어리로 지칭된다. 이 물질 덩어리인 대중은 운동성을 지닌 흐름의 특징을 지니고 있다. 마치 물질세계가 아무리 미세할지라도 그 안에 더 작은 운동성을 지닌 존재가 자리하고 있는 것처럼, 각각의 존재들은 그 무엇이 될 수 있다는 사실을 이미 함의하고 있기에 지속적으로 운동성을 표출할 수밖에 없다. 따라서 대중은 새롭게 접속하고 합류하며 변형되고 생성된다.

공동체의 구성원이자 운동성을 지닌 대중은 다양한 욕구를 지닌 주체로서 끊임없이 변화한다. 이들은 자신에게 해결되지 않는 욕망이 지속적으로 축적되다가 관련된 문제가 사회적 의제로 구체화될 때 집단적으로 의사를 표출하게 된다. 촛불집회와 광우병집회가 바로 그 대표적인 사례다. 따라서 민주주의를 지속하는 대중은 변혁의 주체로서 진보와 변혁을 추구함에 익숙하다. 그 과정에서 제도적인 구조의 변화를 기하기도 한다. 대중은 무수한 대중이 만들어낸 특정한 조합의 형태로 멈추어 있지 않은 새로운 세계로의 열린 가능태의 존재인 것이다. 따라서 각각의 대중의 능력이나 잠재력은 지금 내가 아닌 다른 존재가 될 수 있는 특징을 이미 내포하고 있다.

그렇다면 대중의 특징이 운동성을 내포한다는 사실에도 불구하고 왜 이제껏 대중은 침묵해 왔을까라는 물음들이 제기된다. 대중은 끊임없이 변화의 속성을 지니고 있지만, 억압적 통제국가는 대중에게 일어나는 순간적 변이와 새로운 생성의 위험성을 제거하기 위해 권력을 통해 통제해왔다. 이렇듯 억압적 국가의 통치방식은 대중의 흐름들을 포획하고 유체(流體)를 고체(固滯) 안에 가두는 방식을 선택했다. 국가는 대중을 어떤 식으로든 포획하고 계산 가능한 형태로 만들고자 했으며 그중 하나가 교육이다. 억압적 교육은 대중이 스스로 소수의 엘리트 앞에서 자신은 우매하고 무력한 존재라고 자인하게 되었으며 동시에 그들의 지배를 당연시하게 되는 아이러니한 결과를 낳았다.

전체주의가 바로 그 대표적인 예이다. 전체주의에서 교육의 역할은 이데올로기를 정당화할 뿐만 아니라 조직이라는 틀에 길들어지게 만들었다. 전체주의의 대표적인 예가 나치즘일 것이다. 이들은 경제 문제로 어려움을 겪던 대중을 교묘하게 이용했다. 독일의 대중은 경제적 풍요를 가져다줄 것이라는 가정하에 권력자에 따라갈 각오를 다졌고 그때 등장한 사람이 히틀러다. 당시 독일 대중은 스스로 변혁의 주체가 되기보다는 권력자에게 일임하는 자기파괴를 각오했던 것이다. 과잉 활성화된 대중은 급작스레 하나의 점, 하나의 검은 구멍으로 뛰어들어 광적인 죽음을 맞이한다. 즉 나의 집단, 나의 사상, 나의 민족, 나의 신문, 나의 문화라는 이념 아래 대중은 블랙홀로 유도되고, 결국 집단이 함께 몰각하는 결과를 낳게 된다.

그러나 대중을 통치하는 방식이 나치즘만 있는 것은 아니다. 대중의 속성을 잘 간파한 국가권력은 대중의 힘을 통제할 수 없을 경우를 대비해 새로운 형태의 통제방식을 마련했다. 그것은 권력자들이 군사적, 종교적, 자본, 산업의 형태로 대중을 분산해 권력을 유지하는 것이다. 분산과 세분화는 결국 몰적 주체가 그 세계 안에 갇히게 만드는 방법이었다. 그렇게 될 때 대중은 매우 수동적인 모습으로 조작 대상으로 귀속된다.

어떤 경우에도 대중은 여전히 새로운 가능성을 엿볼 수밖에 없다. 한계 상황이 초래되면 대중은 본래의 '자기성'인 변혁의 주체로서 자리하게 된다. 역사적으로 중요한 고비마다 대중은 스스로의 존재를 각성하며 사회적 모순에 도전해왔다. 물론 그러는 과정에서 실패와 성공을 반복한다. 사실 대중의 권력이 강해질수록 대중의 내적 반발력도 강해질 수 있다는 사실에 주목할 필요가 있다. 어떤 절대권력자일지라도 대중의 반발력에 완전히 마음을 놓을 수 없다. 대중을 공포에 떨게 만드는 권력일수록 대중에 대해 더 큰 공포에 시달리는 이유가 바로 여기에 있다. 대중은 엘리트의 지배에 의존해야 하는 존재거나 소외되어 수동적으로 소비되는 존재가 아니라는 사실이다.

통일운동의 열린 지향성으로서 통합

대중의 특징 중 하나는 개인이 집단 구성원과의 연대를 통해 사회 정체성을 형성한다는 것이다. 집단 구성원인 각각의 주체는 개인보다 집단의 성공을 통해 자신에 대한 자존감을 높이는 데 힘쓰며, 그 과정에서 내부적인 집단의 동질 관계를 형성하게 된다. 그런데 문제는 그 과정에서 외부적인 집단에 대해선 적대적인 입장을 취한다는 것이다. 독일의 대중이 보여주었던 나치즘의 집단 이데올로기는 적어도 윤리성이 배제된 가운데 초래되는 한계성을 지니고 있었다. 장 뤽 낭시가 지적하듯 나치즘 초기만 해도 대중의 변혁의 힘은 성공한 사례를 보여주는 듯했다. 하지만 시간이 지나면서 독일 대중은 다양한 변수에 따라 수시로 재편되는 과정을 겪고, 그 과정에서 전체주의로 회귀되는 결과를 낳았다. 나치 정권 수뇌부가 대중의 힘을 강압적으로 통제하기 시작하면서 대중의 오염이 발생하게 된 것이다. 정권의 강압적 대응은 여론의 흐름에 일시적으로 침묵 효과를 일으켜 표면상 비판 기류를 소강시킬 수 있었다. 하지만 대중이 지닌 변화의 속성을 되돌릴 수 없는 법이다.

한편 패전국으로서 독일은 외세에 의해 분단의 아픔을 겪게 된다. 제2차 세계대전의 종전 후 연합국들이 당면한 가장 중요한 과제 중 하나는 어떻게 하면 독일이 더 이상 침략전쟁을 일으키지 못하도록 하느냐 하는 문제였고, 가장 효과적인 방안으로 거론된 것이 독일을 몇 개 나라로 분할하는 방법이었다. 그래서 연합군은 서독을, 소련

군은 동독을 차지했다. 동서독의 분단 상황들은 조화로운 공동체를 형성하기에 매우 어려운 여건들이었다. 하지만 대중은 분단 과정에서도 민족, 계급, 성, 지역, 자본, 이데올로기로서 몰(mole)적[1] 지층화의 형태로 자리하고 있던 것에 대한 비판적 시각들을 강화했다.

분단의 아픔이 오래 지속된 후 동서독의 대중은 통일을 꿈꾸게 된다. 통일을 지향하던 동서독의 대중은 자신들의 정체성을 형성하는 과정에서 다양한 갈등과 대립 문제를 두 측면에서 검토하고 있다고 볼 수 있다. 한 측면에서는 근원주의로, 또 다른 측면에서는 구성주의로 자신에게 주어진 문제를 극복하고자 했다. 근원주의 입장에서 동서독의 대중은 민족 공통의 언어, 민족문화, 종교, 관습 등의 특질을 연구함으로써 민족의 동질성을 회복하는 차원에서 통일을 바라보았다. 또한 교양인의 윤리적 가치와 믿음에 대한 검토로써 통일을 바라보는 구성주의 측면도 있었다. 그 과정에서 서독의 대중은 동독의 대중보다 더 적극적으로 근원주의와 구성주의 차원에 접근을 시도한다.[2]

---

1 몰은 분자를 뜻하는 Molecule에서 그 의미를 찾을 수 있는데, 1몰은 원자량 기준에 따라 탄소의 질량수 12인 동위원소 ^2C의 12g 중에 포함되는 원자의 수를 1mole이라고 한다. 1mole에 들어 있는 원자와 분자의 수는 6.02×10^{23}개이다. 이때 분자적이라는 말은 몰적인 부분으로 환원될 수 없는 작은 입자들의 다양하고 예측하기 힘든 운동을 지칭하는 데 사용된다.

2 독일의 경우, 서독은 통일을 기본법(헌법) 상의 명제로 설정한 반면, 동독은 서독과 별개의 '사회주의 독일국가' 또는 '사회주의 독일민족' 건설을 국가 목표로 하고 있어 통일에 대한 입장이 전혀 달랐다. 따라서 서독은 동독 주민들이 독일 민족의 정체성을 잃지 않고 같은 민족으로서 유대감을 갖도록 하는 것이 중요한 정책 목표였다. 브란트의 동방정책 설계자인 에곤 바가 "나쁜 관계라도 없는 관계보다는 낫다"고 얘기한 것도 이런 이유 때문이다.

나중에 보다 구체적으로 살펴보겠지만 독일의 사례는 한반도의 대중이 어떤 방향성을 지향해야 할지에 대한 매우 중요한 의미들을 제공한다. 한반도의 통일 교육의 지향점을 구성함에 있어 우리 역시 두 측면에서 고려해볼 수 있다. 70년이 넘어선 남북의 분단 상황은 이념과 가치의 이질성을 드러내고 있다. 이러한 문제들을 해결해 나가기 위해선 통일 교육의 방향성에 대한 성찰이 필요하다. 근원주의와 구성주의 형태를 통해 통일 교육에 접근을 시도하는 일이야말로 대중의 본질적 의미를 찾는 운동인 것이다. 남북의 대중이 가장 먼저 하나가 되는 길은 교육을 통해 그 본질에 도달하는 것이다. 예컨대 서로 다른 체제가 근원성을 검토하는 과정에서 공감하게 된다면 오랜 기간 동안 서로 다른 체제가 지속되었다 하더라도 공감할 수 있는 길을 발견할 수 있다. 다시 말해 남북의 대중이 아무리 슬픔과 미움이 크더라도 공감의 끈만 잃지 않는다면 통일은 이루어질 수 있다. 공감은 국경도 초월하며, 시간의 바다도 넘어설 수 있는 힘을 지니고 있다. 통일이란 전제를 확고히 하기 위해선 서로 다른 주체가 타자와 공감해야 한다. 공감을 만들기 위한 가장 손쉬운 방법이 바로 민족의 공통 뿌리를 찾는 일일 것이다. 남과 북의 대중은 언어와 문화, 그리고 제도들에 대한 근원적 뿌리를 같이하고 있기 때문에, 이 부분의 탐구는 남북의 대중이 공동체성을 형성할 수 있는 근거가 된다.

그런가 하면 또 다른 측면인 구성주의에서는 분단 상황이 초래한 이념적 대립을 극복할 수 있는 계기가 될 것이다. 타자의 특이성과 이질성이 어떻게 상존할 수 있는지의 검토가 바로 그 예이다. 폴 리 쾨르의 '불협화음을 내포한 화음(La concordance discordante)'처럼 불협 화음이 화음을 이뤄내는 창조적 운동인 것이다. 오랜 분단의 시기를 보내면서 각각의 주체들은 타자를 추방, 박탈, 분리, 배제라는 요소 로 대하도록 통치되어 왔다. 이러한 요소들이 통일을 더욱 경색 국 면에 들게 만드는 요소인 것은 분명하다. 오늘날 학교 현장에서 이 루어지는 통일 교육은 이것과 별반 다르지 않다. 사실 통일 교육은 매우 미미한 수준에 그치고 있다. 그나마 이루어지는 통일 교육도 남과 북이 우정의 관계를 어떻게 이룰 수 있는가의 의제보다는 우 리에게 커다란 안보의 위협이 되는 존재라는 사실의 부각과 우리의 체제가 그들보다 얼마나 더 우월한가에 초점을 맞추고 있다.

적대의 정치 교육은 협치의 힘을 발휘할 수 없게 한다. 예컨대 적 대의 정치 교육은 적을 가장 1차적인 개념으로 하며 적의 부정을 통 해 동지를 규정하고 그 양자의 구별을 통해 정치적인 개념 모두를 규정하고 평가하는 부정의 정치학이다. 적의 부정을 통해 동지를 정 의하고, 적과 동지의 구별에 1차적 지위를 부여하는 것, 모든 정치 적인 것을 적대로 정의하는 것, 심지어 아군의 내부에 존재하는 차 이와 이견조차 그 적대의 반영으로 설명하는 것, 그리고 적과 동지 의 중간은 없으며, 모든 중간은 결국 적과 동지의 구별 속에서 환원 할 수 없다는 것, 이것이 바로 적대의 정치학이 기본적인 공리로 삼 고 있는 명제들이다. 이러한 적대의 정치를 지향하면서도 통일을 말 한다는 것은 아이러니가 아닐 수 없다. 한반도의 통일을 기원한다면 적대의 정치로부터 벗어나는 새로운 패러다임이 요청된다. 그것이 바로 우정의 정치 교육인 것이다.

새로운 공동체의 회복을 위해선 무엇보다 먼저 통일 교육이 우정을 향한 평화 교육이어야 한다. 그렇다면 우정은 어떤 의미여야 하는가? 우정은 상호 공통 관계에 기초한 형제애와 법의 형이상학적 가치를 전제한 정의의 합법성을 통해 공동체적 삶에 기여할 수 있는 정치인 것이다. 나아가 이때 우정은 나 스스로를 대하듯 타인을 바라보도록 하는 주관적 배려의 정치성을 가능케 한다. 통일 교육의 궁극적 목표는 평화를 위한 우정 교육이 되어야 한다는 것이다.[3] 이러한 정치 교육을 통해서 통일의 의미들은 새롭게 재구성될 수 있다.

우정의 관계가 실현되기 위해선 먼저 나와 타자들의 특이성과 이질성을 인정해주어야 한다. 이것은 곧 타자성이라 할 수 있는데, 이 타자성은 이질성과 특이성이 내포된 특징을 지닌다. 우정의 정치를 세울 수 있는 기틀은 타자성으로부터 시도되어야 한다. 앞서 잠시 살펴보았듯이 이미 대중의 정신세계 안에는 운동성이 내포되어 있

---

3 남한은 경쟁과 효율성을 최대 덕목으로 여기는 자본주의를 받아들임으로써 우정보다는 적대성을 극대화 할 수밖에 없었다. 북한 역시 예외가 아니다. 표면적으로 볼 때 이들 역시 전체주의 모토를 지니기 때문에 외재적이고 이질적인 대상들에 대해서 적대정치를 정당화했다. 마르크스 사상은 부르주아와 프롤레타리아라는 계급적 구분을 통해 적과 동지 사이를 구분했다. 그 과정에서 계급적 중간을 허용하지 않는 자연스러운 적대적 결과를 초래했다. 이들은 모든 차이와 대립을 계급으로 환원했다. 20세기 가장 대표적인 정치철학자 카를 슈미트는 적이라는 개념을 정치적인 모든 것을 출발하게 하는 본원적인 개념으로 삼았다. 예컨대 우리에게 적이 설정되면 그 적이 아닌 자, 적의 편을 들지 않는 자는 모두 동지로 규정할 수 있기 때문에 적은 모든 정치적인 것의 개념에서 1차적인 것으로 볼 수 있다.

다. 그 운동성 안에 타자에 대한 윤리적 책임성도 내포되어 있다. 우정을 전제로 타자의 특이성과 이질성이 함께 만나야 한다.

대중은 하나의 정체성 아래 묶인 다양성을 지닌 인물들의 모임과 다른 변화의 새로운 가능성을 내포한 인간들의 군집이다. 이는 부르주아와 프롤레타리아 계급이란 구조의 틀에 묶여 있는 하나의 정체성을 넘어선 하나의 실체의 요청이다. 또한 대중은 자본의 맹목적인 지배로부터 탈주하는 특징을 내포하고 있다. 에마뉘엘 레비나스에 따르면 모든 대중은 타자에 대한 윤리적 책임이 있다는 사실을 전제한다. 따라서 책임적 주체는 타자들의 절대적(전적) 다름을 인정해줄 필요가 있다. 만약 그들의 다름을 인정하지 않을 경우 우정의 관계는 요원할 것이다.[4] 우정의 관계가 실현되기 위해선 나와 다름이 용인됨과 동시에 그들이 가진 이질성과 특이성을 존중하는 데서 시작되어야 한다. 그런데 만약 나와 다름에 대해 주체가 그 자체를 인정하고 존경하기보다는 배제하거나 나의 세계로 환원될 때 폭력의 형태는 지속될 수밖에 없다. 따라서 폭력이 배제된 우정이 정치가 가능하기

---

4 소크라테스 이래로 서양 철학에서 주체의 문제들을 주목한다. 레비나스는 이런 주체의 철학이 곧 전체성의 철학이자, 힘의 철학이자, 전쟁의 철학이라고 주장한다. 모든 타자는 자신의 것으로 환원되는 자기의 철학으로 국한된다. 이러한 관계 속에서 윤리는 주체와 타인과의 관계가 아니라, 바로 자기 자신의 존재의 완성인 것이다. 이와 관련해서 김상봉의 지적은 매우 날카롭다. "아우구스티누스는 『고백록』이란 유명한 책에서 자신의 과거에 대해 지나치다 싶을 정도로 과도한 죄의식을 토로하고 있습니다. 그러나 놀랍게도 그 책에서는 단 한 구절도 그가 타인에 대하여 저지른 잘못에 대한 참회나 회한의 말을 찾아볼 수 없습니다. 그가 저질렀다고 고백하는 모든 죄는 하나님에게 지은 죄라고 하지만 신은 어차피 눈에 보이지 않는 나의 본체이므로, 그의 죄는 결국 그가 자기 자신에게 저지른 죄, 즉 자신의 존재를 등한시한 죄에 지나지 않았던 것입니다."(『호모 에티쿠스』, 김상봉, 한길사, 1999, 207.) 물론 서구 철학이 타자를 배제한 의미들만을 주장하지는 않는다.

위해선 타자의 특이성과 이질성이 보장될 수 있어야 한다.

사회적 소통을 위한 대중의 힘

구성주의 차원에서 통일은 우정의 공동체를 만들어갈 수 있다. 이때 대중은 타자에 대한 책임적 주체가 되면 그 정당성이 확보될 수 있다. 우정의 공동체를 지향하려면 윤리적 주체인 대중은 익숙한 통념들과 결별해야 한다. 윤리적 주체인 대중은 타자와의 만남과 흐름 속에서 응고된 것을 넘어서야 한다. 통일을 지향하는 남북의 대중은 새로운 클리나멘[5]을 통해 새로운 대중운동으로 자리해야 한다. 동서독의 통일을 이룬 독일과 영국과 북아일랜드는 통일의 새로운 크리나멘을 보여준다.

독일

1989년 베를린 장벽이 무너지는 과정들을 목도했다. 통일을 이뤄내는 과정 중 동서독의 대중은 새로운 항로를 열고자 하는 열의가 있었다. 많은 이의 노력에도 불구하고 동서독의 분단은 문화적 이질성, 국내외 환경, 통합 과정에서 기득권의 상실과 새로운 이익 갈등

---

5 들뢰즈/가타리는 '탈주'가 단순한 도망이나 도주, 혹은 파괴나 해체 등의 부정적인 것이 아니라 관성, 타성, 중력 등에서 벗어나는 적극적이고 능동적인 힘이라는 의미에서 클리나멘을 통해 탈주의 개념으로 정의한다.

의 요인들이 서로 복합적이며 중층적인 문제로 드러났다. 뿐만 아니라 세계대전 패전국가로서 외세에 의해 분단이 초래되었기 때문에 동서 블록의 형성 과정이 매우 이질적이었다.

나아가 분단 이후 체제 경쟁에 따른 차별화의 일환으로 인해 국가 간의 이질성이 극대화되었다. 체제 경쟁에 따른 블록 대결구조는 상이한 국가정체성이 확립되는 계기가 되었다. 이러한 내부적인 문제에도 불구하고 이 두 나라는 민간 차원의 교류를 지속했다. 두 국가 간 블록 대결의 영향력이 그리 강력하지 않은 이유 중 하나가 민간 차원의 교류였다. 어쩌면 통일의 힘이 민간 차원의 교류로 이어지면서 내공을 다질 수 있는 계기가 되었다.

그렇다고 두 국가의 민간 차원의 교류가 모든 문제를 해결하는 열쇠는 아니었다. 두 국가 간 민간적 교류가 정치·경제·사회·문화적인 간격을 좁히는 데 한계가 있음이 분명했다. 예컨대 동서독의 분단의 아픔이 세대를 거치면서 세대 간 갈등의 골이 점점 깊어졌고 상호 공감 차원은 이전 세대보다 지극히 낮은 차원으로 나타났다. 동서독의 세대 간 갈등의 골이 깊어지는 계기는 경제적인 문제가 가장 컸다. 서독은 1차적으로 경제발전과 복지 수준의 향상이라는 기반 위에서 환경, 여성, 평화라는 새로운 문화혁명을 추구했다. 따라서 서독의 대중은 새로운 정치, 사회, 문화의 변화를 추구하면서 탈민족주의적 의식을 나타내기 시작했다. 반면에 동독은 기존 사회주의체제를 유지하기 위한 방안으로서 국가권력을 강조했다. 대중에게 사회주의 가치체계를 내면화할 수 있도록 국가는 교육을 강조했다.

동서독의 학교 교육은 통일의 당위성을 강조했다. 특히 서독은 민족적 동질성을 유지하기 위한 정책을 1960년대 이후 보다 적극적으로 모색해왔다. 서독은 지속적인 포용정책으로서 하나의 민족으로서 두 개의 국가이자 두 개의 체제로 인식했다. 물론 이러한 서독의 정책들은 동독을 매우 불편하게 만들기도 했다. 왜냐하면 동독은 두 개의 민족이자 두 개의 국가, 그리고 두 개의 체제로 통일에 대해 부정적인 입장을 오랫동안 취해왔기 때문이다. 그러나 동독의 분리정책에도 불구하고 서독은 포용정책을 멈추지 않았다.

한편 동서독의 대중은 민간 차원의 교류가 진행되었기 때문에 각자 자신들의 체제에 대해 객관적으로 검토할 수 있었다. 동독의 경우 경제적, 문화적인 부분에서 서독과의 경쟁에 뒤처지면서 국가정체성의 이념적 기반이 약화되었다. 동독이 차츰 자신의 정체성을 잃게 되었고 그 과정에서 통일의 기운은 급속히 발전되었다. 그러다 갑자기 불어닥친 통일로 동독은 연방공화국으로 편입되었다. 동독은 서독에 흡수 통일의 길을 걷게 된다. 이 두 나라의 통일국가의 형성을 기호화하면 독일은 '융합형(A(서독)+B(동독)=A(b))'에 가까운 형태로 구성된다. 동서독의 통일의 경우 정체성이 서독에 가깝게 형성된 통합 국가 형태이다. 동서독의 통일은 서독의 이념과 체제 우위에 의한 흡수 통일 형태로서 이루어졌다. 그렇지만 서독은 동독의 현실을 감안해 법과 제도를 적용함에 있어 적용 범위와 시점 등을 조심스럽게 배려했다. 동독의 정체성과 과거 역사를 전면 배제하는 것이라 과거 역사와 경험을 제한된 범위 내에서 인정함으로써 동독

주민의 정체성 혼란과 자아상실을 최소화하기 위한 노력을 했다.

그럼에도 불구하고 동독의 대중은 새로운 제도에 적응하지 않으면 안 되었다. 동독의 대중은 지금까지 자신들이 구축해놓은 제도와 체제들의 특징들이 쓸모없는 것이라는 생각을 낳게 되면서 더욱 큰 상실감을 경험하게 된다. 이러한 상실감은 정신적은 측면에서 그치지 않고 현실적 어려움을 초래하는 결과를 낳았다. 무엇보다 동독의 대중이 강력한 열등감을 가지게 된 결정적 요인은 경제적인 문제였다. 초창기 동서독의 화폐가 일대일로 통합되면서 자신들이 가진 부가 300퍼센트 절상되는 혜택을 입었다. 하지만 이들의 기쁨도 잠시, 동독 주민들의 자산은 서독으로 물밀듯이 빠져나갔다. 왜냐하면 동독인들이 서독의 물건 구매를 선호하면서 동독의 기존 기업들은 경쟁력을 잃고 하루아침에 몰락하고 만다. 동독 지역의 기업 경쟁력 추락은 기존 동독인들의 대량 실업사태를 초래했다. 동독의 근로자들은 하루아침에 실직자가 되어 국가의 실직수당으로 살아가는 상황에 직면하게 되었다. 통일 이후 동독인들의 불만은 극에 달했다.

그렇다면 통일 이후 서독 대중의 모습들은 어떠한가? 서독의 대중은 기존의 생활방식들을 고수하면 되었다. 그렇다고 다른 문제들이 없는 것은 아니다. 서독의 대중은 통독으로 인해 불어난 세금에 대한 불만이 극에 달했다. 이들은 무엇보다 동독의 대중이 자신들이 땀 흘려 이룬 경제적 부에 무임승차하려 한다고 생각하며 불만을 터뜨렸다. 따라서 양 국가의 통일은 대중 모두에게 불안으로 초래하는 결과를 낳았다. 그러나 동독인의 불만은 서독의 대중에 비견될 수 없을 만큼 절망적이었다. 이들은 사회주의 체제하에서 교육받았던 자신들이 꿈꾸던 평등하게 잘 사는 것을 가져오지 못했다는 실망감과 급기야 자신들이 2등 시민 취급을 당한다는 생각에 불만을 터트렸다.[6] 이러한 문제들을 해결하려 독일의 통일 교육은 매우 적극적이었다.

독일 당국은 국가의 정체성을 훼손하지 않는 채 국가 내부에 상이한 집단 정체성이 공존할 수 있는 교육을 실행하고 있다. 이는 서로 다름을 인정하는 민주주의적 질서와 문화가 정립된 곳에서 비로소 가능한데, 독일은 그런 교육을 진행했고 지금도 진행 중이다. '보이텔스바흐' 합의에 의해 '강제성 금지, 논쟁성 유지, 정치적 행위 능력 강화'라는 3대 원칙에 입각한 교육이 꾸준히 추진되면서 독일에서 다중 정체성이 큰 갈등을 초래하지 않고 진행될 수 있었다.[7]

독일에서 일어나고 있는 사회적 통합 과정은 한반도 통일의 바로미터가 된다. 적어도 통일을 꿈꾸고 준비하고 교육한다고 했을 때, 두 나라가 하나로 합쳐지는 제도적 통일을 넘어, 공감을 통해 상호 소통하는 사회적 통합이 이루어져야 한다. 남북의 대중이 이미 새로운 가치로의 전환을 꿈꾸는 것을 생각해볼 수 있다. 그러기 위해서 접촉지대에서 남북이 민간 차원에서부터 정부 차원까지 다양한 형

---

6 동독의 대중은 서독의 대중을 오만한 베시(Wessi)라고, 서독 사람들은 동독 사람들을 무능한 오씨(Ossi)라며 서로를 비하했다. 독일의 통일 과정은 정신적 통합이나 의식의 통합을 가져오지 못했기에 제도적 통합으로 진정한 통일을 말할 수 없음을 깨닫게 했다. 동독과 서독이 통일된 지 27년 지난 지금도 여전히 통합 차원의 고민이 계속되고 있다.

태로 관계를 맺어나가야 한다. 지금처럼 남북의 경색된 국면들이 지속된다면 통일의 가능성은 요원할 것이다. 우정의 통일 교육이야말로 서로 다른 자아, 문화, 공동체의 만남이 가능하게 하는 조건이다. 서로 다른 타자가 배제와 포용, 충돌과 소통, 갈등과 공존의 역동성을 경험을 일정 부분 경험할 수밖에 없지만, 그럼에도 불구하고 타자성을 존중하는 우정의 공동체를 만들어가야 한다.

북아일랜드

영국은 북아일랜드, 웨일스, 스코틀랜드로 이루어져 있기 때문에 다양한 지역 정체성을 함의하고 있다. 특히 북아일랜드는 16세기 이래 영국으로부터 지배를 받았다. 그 기간 동안 많은 영국 사람이 아일랜드로 이주해 살게 되었는데, 영국 사람들은 특히 북아일랜드 지

---

7 이 협정 내용은 다음과 같다. 첫째, 강제성의 금지다. 어떤 수단을 사용하든 정치적 견해를 강압적으로 주입함으로써 학생들이 '독립적인 판단을 하는 것'을 방해해서는 안 된다는 조건이다. 이것으로 바람직한 정치 교육과 주입식 교육은 구분된다. 교육 이론적으로도 주입식 교육은 민주주의 사회에서 교사의 바람직한 역할과 합치할 수도 없을 뿐만 아니라, 학습자의 능동적인 사고력 형성을 방해한다. 둘째, 논쟁성의 유지다. 이 조건은, 학문과 정치에서 논쟁이 등장하는 것처럼 수업 상황에서도 그러한 논쟁적 상황이 드러나야 한다는 것이다. 이 요구는 물론 제1원칙과 깊은 관련성을 가진다. 논쟁이 되는 상이한 입장들이 소개되지 않고 대안들이 자세히 설명되지 않을 경우, 주입식 교육으로 곧장 치닫게 될 것이기 때문이다. 교사에게는 학생들에게 정치적·사회적 기원이 다른 입장과 그 각각의 대안에 대해 정확하게 설명할 의무가 있다. 교사는 이 원칙을 확고하게 준수하기 위해 자신의 학문 이론적 원천과 정치적 견해를 자제할 필요가 있다. 셋째, 정치적 행위 능력의 강화다. 학생은 정치적 상황과 자신의 이해관계를 함께 고려할 수 있어야 하며, 그러한 이해관계에 따라 당면한 정치적 상황에 영향을 끼칠 수 있도록 해야 한다. 이 원칙에 따르면, 학생은 다양한 정치적 입장들을 판단하는 데 기본적인 준거를 자신의 삶의 경험에 기초해 자연스럽게 판단할 수 있다. 이를 통해 학생은 자신의 이익을 고려해 특정 정치적 입장을 수용하고 가치관을 형성하게 된다.

역에 더 많이 살았다. 북아일랜드는 아일랜드가 독립을 추진할 때 독립된 아일랜드에 속하기보다는 영국에 남기를 원했고, 현재의 북아일랜드가 되었다.[8] 가톨릭교도를 중심으로 하는 북아일랜드 민족주의자들은 영국의 지배에 저항한 반면, 신교도들은 계속 영국 잔류를 희망해 양민족 간 갈등이 표출되었다. 이후 영국과 아일랜드 간 북아일랜드의 평화적 해결을 위한 노력이 계속되었으나 IRA의 테러로 인해 번번이 무산되었다. 이러한 상황에서 1997년 IRA가 휴전을 선언했다. 신교도계 과격파들도 이에 적극 호응하면서 전쟁이 종식되었다.

평화를 위해 1998년 벨파스트 협정(Belfast Agreement)을 맺으면서 분쟁의 재발을 막는 데 최대 역점을 두었다. 이제 영국이 북아일랜드 의회에 경제적, 사회적 권한을 이양했다. 이러는 한편 북아일랜드와 영국은 실질적으로 연방체제 수준으로 중앙과 지방의 분권적 관계를 가지면서 다른 한편으로는 제도적으로 연방주의 도입을 거부함으로써 하나의 정치적 단위로서 영국을 유지하는 관계를 형성했

---

8 북아일랜드는 다수의 신교도와 소수의 아일랜드 가톨릭 신자로 분리되어 지역적 갈등이 거세졌다. 북아일랜드는 폭력적인 방법으로 영국과 장기간 갈등을 겪었다. 북아일랜드의 경우 정체성 도전에 대해 분리주의 운동과 무장활동에 대한 폭력적 대응으로 많은 사람이 죽어나갔다. 1940년부터 1997년까지 무장투쟁을 하는 동안 3,500명이 희생되는 고난의 시기를 경험했다. 1998년 벨파스트 협정으로 인해 무력분쟁이 중단되고 영연방 내 자치를 통해 정체성을 형성하는 과정은 민족·종교 갈등, 오랜 기간 진행된 후 두 집단 간 경제·사회적 격차 혹은 차별, 그리고 무력 분쟁으로 야기된 적대감 해소라는 과제를 안고 시작되었다. 이러한 갈등 속에서 국가정체성을 형성하는 노력은 단순히 현존하는 차별을 해소하는 것뿐만 아니라, 미래의 차별 가능성을 배제할 수 있는 법치와 민주적 의사결정 과정을 보장할 수 있는 제도적 장치를 요구하고 있다.

다.[9] 이 협정은 평화 과정에서 적대적 정치를 지향하는 정치세력의 교체와, 투자와 경제발전을 통한 경제적 격차 해소 노력, 공동교육의 진행을 통해 사회 통합의 결과를 만들어냈다. 여기서 이 두 체제의 구성주의적 차원의 새로운 가능성을 모색한 것이다.

사실 이들이 겪고 있는 문제가 표면적으로 종교적 문제로 여겨졌지만 더 근본적인 문제는 차별 문제로 귀결된다. 특히 북아일랜드는 평화를 구현하려면 경제적 문제를 반드시 해결해야 했기 때문에 그것을 영국 정부에 요구하게 된다. 경제적 격차를 줄여나갈 때만이 통일의 완전체가 가능하다. 적어도 과거의 영국과 북아일랜드의 기울어진 운동장에선 진정한 통일이 이루어질 수 없다.

사실 오랜 기간 영국과 북아일랜드가 적대적 관계였기에 우정관계로 전환하는 것이 쉽지 않았다. 그럼에도 불구하고 1국가 다중체제 형태는 우정의 정치의 한 모형을 마련한 것이다. 북아일랜드와 영국의 통일은 병존형의 입장을 취한다. 이를 기호화하면 A(잉글랜드)+B(북아일랜드)=AB라고 할 수 있다. 영국 정부는 북아일랜드의 분리주의를 잠재우는 대신 협의제에 입각해 정치·경제 분야에서 자치권을 허용하고 문화적 융합정책을 채택함으로써 공존의 틀을 마련한 변종방식을 택했다. 따라서 두 나라는 분권주의적이고 협의제적인 우정관계가 작동하고 있다.

---

9 북아일랜드 내의 가톨릭 종교를 가진 사람들의 실업률은 1993년에 18퍼센트였으나 그 후 10퍼센트 미만으로 떨어졌다. 매우 고무적인 현실이지만 여전히 신교보다 2배 이상의 실업률이 높다.

그렇다면 이 두 국가는 우정의 정치를 어떻게 실현했는가? 먼저 이들은 차별적인 요소들에 대한 부각보다는 정치적인 이데올로기 때문에 희생당한 피해자에 대한 적극적인 경제적 보상을 시행했다. 나아가 각각의 정부 차원에서 분배의 정의를 통해 화해를 시도했다. 북아일랜드 집행부는 인종, 종교, 정치적 견해, 연령, 성별, 장애나 성적 지향에 관계없이 모든 사람이 공정, 평등, 권익, 책임과 존경 속에서 살고 일하며 사회적 관계를 형성해나가도록 제도적 장치를 마련했다. 그뿐만 아니라 북아일랜드는 영국 사회집단과의 교류와 접촉을 확대함으로써 권력의 분점과 다수에 의한 일방적인 정치질서 형성을 방지하기 위한 방안을 마련했다. 영국은 집행부의 구성과 의회투표, 북아일랜드의 자치권 부여와 관련된 국제적 협의제도 구축 등으로 현안들을 풀어가고 있다.[10]

영국과 북아일랜드에 대한 관계들을 보면서 통일된 한반도를 생각해볼 수 있다. 남북의 두 체제가 우정의 관계로서 협력하면서 경제발전을 도모할 수 있다. 남한의 기술력과 북한의 자원, 그리고 인력풀은 지역의 균형발전과 사회집단의 평등을 모색하는 계기를 마련할 수 있다. 뿐만 아니라 남과 북의 이념적 괴리감은 오랫동안 자

---

10 예컨대 연방주의와 민족주의 진영 내 참가자 과반수 지지 혹은 투표 참가자 60퍼센트 이상의 지지와 연방주의와 민족주의 각각의 진영 내 40퍼센트 이상의 지지로 의사결정을 하도록 규정하고 있다. 연방과 민족의 관계에서 대중의 집합들이 새로운 가능성을 확보하듯 단일 체제하의 분권을 통한 통합을 지향하는 과정에서 차별적 상황에 대한 대응은 북아일랜드 경제 전반의 발전을 통한 경제적 지역 격차 완화와 공직 참여에서 차별금지 등 소수집단의 우대정책 등으로 구성되어 있다.

리할 수밖에 없기에 영국과 북아일랜드의 관계처럼 서로 다른 체제를 인정하면서 지속 가능한 발전을 도모함으로써 공동체의 응집, 공유, 통합을 통해 극복해야 한다. 그럴 때 민족주의자로서의 모습들이 점점 사라지고 함께하는 공동체의 한 일원이 될 것이다.

통일 한국을 생각할 때 북아일랜드에서의 갈등과 정체성 문제는 새로운 시사점을 제시해준다. 이들은 협의제를 실시해 권력의 분점과 공동체 의사결정을 통해 정책결정 과정에서 배제되는 문제들을 불식시키고 있다. 그렇지만 이보다 더 큰 문제는 경제적·사회적 차별과 연관되어 있는데, 이러한 대안들을 고민하는 과정에서 차별금지법안 강화와 동 법률의 범위를 점진적으로 확대함으로써 장기적으로 차별을 완화하거나 해소하는 방안을 모색했다. 이러한 두 국가의 논의는 향후 한반도의 통일을 어떻게 만들어갈지에 대한 중요한 모델이 될 수 있다.

결론을 대신하여: 전위적 대중과 통일 교육

한반도의 통일을 이뤄나가기 위해선 무엇보다 국가정체성의 재정립이 요구된다. 동서독의 통일 과정과, 북아일랜드와 영국의 통일 과정은 우리에게 통일 국가의 정체성을 정립하는 데 도움을 줄 수 있을 것이다. 또한 우리의 통일은 평화를 지향하는 지속적인 우정의 교육을 통해서 한발 더 완전하게 이루어질 수 있을 것이다.

우정의 교육이 구체화되기 위해선 몇 가지 조건에 대한 고려가 필요하다.

첫째, 역사에 대한 공동의식이 공동체의 주요 요소임을 고려할 때, '진실 규명과 화해' 문제는 정체성 갈등을 지속적으로 촉발할 수 있는 중요한 요인이다. 특히 분단의 아픔을 지닌 두 체제가 통일을 지향할 때 과거사 문제보다는 미래적 통일한국의 정체성을 만드는 일에 집중하는 것이 더욱 중요할 것이다. 일제강점기를 거치면서 초래된 불의에 대해선 한 목소리를 낼 필요가 있지만, 이념적 분단 상황들이 초래한 문제들에 대해선 심사숙고할 필요가 있다. 서로 다름이 허용되지 않을 경우 적대적 관계의 골이 깊어질 수밖에 없기 때문이다. 그렇다면 우리가 잘할 수 있는 일부터 시작해야 할 것이다. 그것은 일제강점기의 진실 규명이다. 그런데 이때도 가해자의 처벌이라는 관점보다는 피해자 보상과 지원의 관점을 크게 강조할 필요가 있다. 이것은 곧 피해자의 보상이 곧 가해자임을 간접적으로 알리기 때문이다.

둘째, 남북의 분단 기간만큼 이질성의 간극이 매우 크다. 이러한 간극을 극복하기 위해선 공통체성의 뿌리를 찾는 일에 집중하는 것이 무엇보다 중요하다. 우리 역사를 바로 찾을 수 있다는 것은 새로운 미래를 열 수 있는 기초를 다지는 일이 된다. 우리가 힘을 모아 잘못된 역사를 바로 찾았을 때 공동체의 정체성을 회복할 수 있다. 우리의 언어, 민족문화, 종교, 관습, 신화 등의 검토야말로 공동체의 정체성 회복을 도울 수 있는 기반이 될 것이다.

셋째, 독일의 보이텔스바흐 협약이 초래한 통일의 긍정적 의미처럼 통일 한국의 정체성은 우정의 정치 교육을 통해 그 가능성을 타진해볼 수 있어야 한다. 남북의 대중이 세계시민으로서 타자들의 특이성과 이질성을 배려하는 모습을 지닐 때 우정의 공동체가 가능하다. 학교 교육에서 통일 교육이 평화를 위한 우정의 교육이 되어야 한다.

넷째, 이질적인 두 체제가 하나로 합해지는 과정에서 어느 한쪽이 우월성만 주장하게 되면 열린 통합은 가능하지 않을 것이다. 두 체제가 화학적 반응을 일이키기 위해선 서로의 다름을 용인해야 한다.

9. 포스트휴먼 시대와 교육의 과제
: 내 남편은 사이보그(?)

 박일준 감리교신학대학교 기독교통합학문연구소 연구 교수

들어가는 글

소위 말하는 '트랜스휴먼 시대' 혹은 '포스트휴먼 시대'가 눈앞에
도래하고 있다. 트랜스휴먼과 포스트휴먼이 뉘앙스의 차이는 있지
만, 그럼에도 불구하고 공통적인 것은 바로 '인간의 종말(the end of
human being)'에 대한 함축이다. 인간이 나노공학, 유전자공학, 로봇
공학, 인공지능 등의 발전으로 지금과 다른 모습으로 살아가게 될
시대에는 우리가 전통적으로 규정해왔던 인간의 정의가 더 이상 유
통되지 못할 것이라는 의미이다(Harari, 46). 지금까지는 인간이 자신
에게 주어진 한계들을 생물학적 한계 내에서 극복하고자 했다면, 포

스트휴먼 시대에는 그 생물학적 인간 자체를 인간의 한계로 보고, 그 생물학적 인간을 뛰어넘는 때가 바로 "호모 사피언스가 사라질" 때라고 본다(Harari 46). 그래서 예를 들어 레이 커즈와일 같은 사람은 인간이 생물학적인 한계를 뛰어넘어 사이보그적 몸으로 갈아타면서, 거의 반영구적으로 존재를 지속하는 시대를 그려보기도 한다. 여기서 한발 더 나아가, 그런 시대가 앞으로 50년 정도 내에 도래한다고 한다. 이들의 이야기에 따르면, 우리는 바로 딱 그런 변혁의 지점에 서 있는 셈이다. 너무 미래적인 환상 같아서 실현 불가능하다고 느껴진다면, 현재 우리가 사용하고 있는 스마트폰의 놀라운 기능들을 한번 살펴보라. 20년 전에 누구나 자기 손바닥에 텔레비전을 들고 다닐 수 있을 거라고 생각이나 했는가? 인터넷으로 연결되어 실시간으로 지구 반대편에 있는 이들과 대화를 주고받으며 일을 진행할 거라고 상상이나 해보았는가?

포스트휴먼 시대, 이제 인간이 종말을 고하는 시대, 노동하는 인간이라는 개념이 더 이상 인간의 정체성을 구성하지 않을 수도 있는 시대, 그 시대는 우리에게 무엇을 의미할까? 유토피아? 디스토피아? 그 시대를 위해서 우리는 다음 세대에 무엇을 준비시켜야 할까? 인간의 종말 혹은 인간의 해체가 이루어진다는 말은 우리가 '인간'으로 규정해온 개념과 정의들이 더 이상 기능하지 못한다는 말이다. 그래서 인간-이후(post-human) 시대라고 한다. 이는 다가오는 이 시대를 준비하는 데 참고할 사항이 거의 없다는 말이다. 바로 그런 의미에서 다가오는 포스트휴먼 시대를 위한 문제의 핵심은 교육이라고 할 수 있다. 문제는 우리의 교육이 지난 시대, 보다 정확히 말하자면(찰스 테일러의 용어를 빌리자면) "근대의 사회적 상상(modern social imaginary)"을 기반으로 이루어지고 있다는 것이다. 근대를 지나 탈근대 혹은 포스트모던이라 일컬어지는 시대를 지나 이제 트랜스휴먼 혹은 포스트휴먼 시대로 진입하고 있는 이때, 우리의 교육은 여전히 근대에 형성된 인간 개념에 토대를 두고 있다. 괜찮은 것일까? 혹시 우리의 교육이 미래에 아무런 의미나 쓸모를 갖지 못하는 무용한 지식을 반복 주입하고 있는 것은 아닐까? 그리고 그러한 반복은 미래를 지금 현재의 연장선상에서 투사해 파악하려는 우리의 인지적 습관 때문이지 않을까? 본고가 이러한 물음에 대한 답을 제시할 능력은 없다. 단지 문제의식을 공유할 뿐이다. 그럼에도 불구하고, 해답이나 대안보다 문제가 더 중요하다는 철학자 질 들뢰즈의 지적처럼, 미래 시대를 위한 문제를 올바로 설정하는 것은 현재 시점에서 미래를 위한 해답이나 대안을 갖고 있는 것보다 중요할 것이다. 왜냐하면 답이 미래를 결정하는 것이 아니라, 올바른 문제에 대한 인식으로부터 우리는 올바른 해답이나 대안을 도출해낼 수 있을 것이기 때문이다.

미래를 위한 교육의 현실

교육은 교육하는 행위 자체가 목적이 아니다. 교육은 교육받은 내용과 실천들을 가지고 교육받은 사람들이 앞으로의 현실에서 자신이 이루려는 목적이나 목표를 이룰 수 있는 능력을 갖게 하려는 것이다. 즉 교육은 굶주린 아이들에게 먹을 수 있는 생선을 제공하는 것에 목적이 있지 않다. 물론 그럴 수도 있지만, 교육의 목적은 그보다 오히려 아이들이 앞으로 자신이 배운 바를 활용해 스스로 생선을 잡을 수 있도록 하는 데 있다. 예를 들어, 교육의 목적은 행복이 아니다. 인간 삶의 목적은 행복일 수 있지만, 교육의 목적은 행복 자체가 아니라 교육을 받은 사람들이 스스로 행복을 추구하고 실현할 수 있도록 하는 것이다. 즉 아직 도래하지 않은 미래의 시공간 현실 속에서 자신의 삶을 추구하고 실현해나가면서 행복을 누릴 수 있게 하는 것, 이것이 교육의 목적이다.

이런 맥락에서 교육은 언제나 다가오는 시대의 변화를 염두에 둘 필요가 있다. 왜냐하면 교육받은 것을 구현하고자 한다면, 그것이 실현될 상황을 파악하고 이해해야 하기 때문이다. 만일 지금 (찰스 테일러의 말을 빌리자면) 우리의 "사회적 상상(social imaginary)"에서 가장 중요하고 핵심적인 것으로 여겨지는 것이지만 그것이 다가오는 시대에 불필요한 것이라면, 우리 교육과정에서 그것을 다룰 때 그 한계를 염두에 두어야 한다. 더 나아가 우리의 정교화된 교육과정을 정답으로 간주하려는 태도와 생각도 조심할 필요가 있다. 우리가 교육하고 있는 내용들은 교육받는 학생들이 졸업 후 살아갈 세계에서 대면하는 문제들에 대한 해법들이나 대안을 도출하는 방식일 것이다. 하지만 현재 우리의 교육과정은 현실 삶에 대한 규격화된 정답을 강요하고 있으며, 획일적인 잣대로 학생들의 정신을 평가하는 과정 위주로 구성되어 있다. 이를 토마스 웨스트는 다음과 같이 표현한다.

> 교육 체계가 빠른 언어 반응과 막대한 양의 '사실'에만 집착하다보니, 장기적으로 개인의 발달을 지나치게 편향된 방향으로만 몰고 가는 안타까운 결과를 낳게 되었다. 이렇게 해서 하나의 체계가 두 가지 역할을 동시에 해내고 있다. 즉 사람들을 편향되고 제한된 방식으로 틀에 짜 맞추는 것, 그와 더불어 틀에 짜 맞추는 것이 불가능하거나 그것을 거부하는 사람들을 배제하는 것이다([2013], 72).

획일화된 정규과정과 규격화된 평가를 통해 우리의 교육은 늘 '정상(normal)'의 표준 시민을 만들어내는 데 초점을 두고 있다. 문제는 이 정상과 표준이 우리가 근대로 물려받은 사회적 상상을 전제로 한다는 것이다. 정상이란 절대적 가치 기준이나 척도의 문제가 아니다. 오히려 정상으로 간주되는 것에 교육의 표준을 맞추다보면, 교육이 재능을 억압하는 문제가 발생한다.

> '정상' 기능에 과도하게 초점을 맞추다보면, 전체 인구 속에 나타나는 높은 다양성을 이해하지 못하게 되어 잘 드러나지 않는 천부적 재능들이 묻혀버리는 결과를 불러온다(웨스트, 74).

즉 정상의 표준에 부합하지 못하는 재능들을 '장애'나 '부적응'으로 낙인찍고, 그것을 교정하려는 노력을 하게 되는데, 이러한 교육적 노력들은 이미 재능의 다양성을 규격화되거나 표준화된 재능 혹은 지능으로 억압한 결과가 된다. 웨스트는 "장애를 교정하는 데 초점을 맞추는 우리의 교육 체계는 그 장애의 반쪽만을, 그것도 가장 재미없는 반쪽만을 다루"게 될 가능성을 경고하면서, "한 사람한테서 동시에 나타나는 특별한 능력과 특수한 장애 양쪽을 모두" 다루기 위해서 "대단히 다양한 범위의 기능 수준을 다룰 방법"을 찾아야 한다고 역설한다(웨스트, 74).

미래 시대를 위한 교육에서 중점을 두어야 할 목표는 무엇일까? 그것은 지금 우리가 이미 알고 있는 현실적 문제들에 대한 대처능력이나 해결능력이 아닐 것이다. 왜냐하면 미래는 아직 도래하지 않았고, 그래서 우리는 미래에 어떤 일들이 벌어질지 정확히 모른다. 짐작과 예측은 하지만, 예측은 예측일 뿐 실제로 벌어지는 일들을 정확히 예견할 수는 없는 노릇이다. 여기서 진화론적 교육 모델이 적합할 것이다. 진화 과정은 인간이 다음 세대에 일어날 문제들에 대처하도록 하기 위해 다음 세대의 유전적 다양성을 증가시키는 방식으로 대안을 마련했다. 어떤 환경적 변화가 일어날지 모르니, 지금 현재 최적의 적응을 보이는 유전자라도 환경이 바뀔 다음 세대에는 최적의 유전자가 되지 못할 것이다. 그렇다면 지금 최적의 적응을 보이는 유전자를 그대로 반복하는 것이 아니라, 그와 다른 변이들을 다양하게 만들어 발생할 수 있는 여러 가지 변화 속에서 후세대가 살아남을 가능성을 높이는 것이 실용적으로 지혜로운 일일 것이다. 정상 기능과 장애의 교정을 목적으로 하는 교육은 그를 통해 획일화되고 규격화된 세대를 만들어냄으로써 그 미래적 적응력을 감소시킨다. 현재 대한민국의 교육이 정확히 그렇다. 생각하는 방식과 그것을 수행하는 능력의 다양성을 증가시키는 방향으로 미래 교육의 방향이 자리 잡아야 하는데, 우리의 교육은 각 사람의 잠재력을 현재 시대에서 최대한으로 발휘하게 하는 데도 무척 무능하다. 왜냐하면 교육을 우수한 인재들을 걸러내는 도구로만 사용하기 때문이다. 누가 더 똑똑한지, 누가 더 지능적으로 우수한지를 시험 성적표의 결과만으로 측정하기 위해 교육이 이루어지고 있기 때문에 우리는 미래 세대를 위한 지적 다양성을 양육하는 교육은커녕 현실에서도 비효율적인 무리한 교육들이 이루어지고 있다.

현실의 사이보그 or 미래의 사이보그?

도나 해러웨이(Donna Haraway)는 인간들 중 일부는 이미 사이보그(cyborg)가 되었다고 주장한다(2004, 38). 여기서 '사이보그'는 미래의 현실이 아니라 이미 실현된 현실이 된다. 기계처럼 쉼 없이 일하는 존재, 그것은 정녕 사이보그다. 페미니스트로서 해러웨이는 쉼 없이 일만 하는 존재이다. 아마도 아내의 눈에 나는 '사이보그'일 것이다. 내 존재는 통장의 잔고로만 증명된다. 돈이 들어오고 나가는 흐름 속에만 존재감이 있다. 도무지 집에서 공생하고 있다는 흔적을 찾을 수가 없다. 자정 넘어 귀가하면 모든 식구가 이미 잠들어 있고, 아침에는 또 각자의 삶을 위해 허겁지겁 나가다보면, 얼굴을 마주 보기 힘들기 때문이다.

일만 하는 존재, 그것이 바로 해러웨이의 사이보그다. 생물학적 존재인데 어떻게 사이보그냐고? '기계'란 비생물학적 존재를 의미하지 않는다. 고대의 피리마드나 만리장성 등과 같은 거대한 건축물들을 지은 것은 '기계'였다. 요즘의 기계와 다른 점은 그 기계들이 "인력으로 작동하는 기계(machines operated by man-power)"라는 점뿐이다(멈포드, 32). 이런 점에서 기계는 몸을 통한 노동의 연장(extension)이라고 볼 수도 있을 것이다. 도구적 존재 말이다. 이런 맥락을 연장해서 적용한다면, 사이보그 존재는 '인간' 종의 식량으로 희생당하고 봉사하는 동물들이 될 수도 있다. 즉 우리의 식량을 위해 사육되는 동물들은 인간을 위해 일하고 희생만 당하는 '사이보그'인 것이다.

남자 아닌 존재로 규정되어왔던 여성도 마찬가지이다. 같은 인간이면서도 인간의 역사 내내 인간의 범주 안에 들어 있는 존재로 취급받지 못했던 그녀들은 사이보그인 것이다. 같은 인간인데도 피부색이 다르다는 이유로 사람으로 취급받지 못하고 '노예'로 분류되어 일과 희생을 강요당하던 그들은 사이보그였다. 그리고 그런 존재들이 지금 21세기 초엽의 현실에서 우리 주변에 더없이 널려 있다. 오죽하면 몇 해 전 대선 후보는 '저녁이 있는 삶'을 선거구호로 내세웠을까? 이 구호는 역설적으로 '저녁 없이 살아가는 대한민국 사람들의 삶의 모습'을 비춰준다. 저녁 먹고 다시 사무실로, 연구실로, 작업실로 돌아가야 하는 이들, 그들은 '인간'으로서의 존엄성을 보장받으며 살아가는 것일까, 아니면 자본주의 사회에서 최소한의 존엄한 삶의 시간을 확보받기 위해 평일 저녁에 기꺼이 사이보그가 되어야 하는 것일까? 이러한 힘겨운 풍경이 21세기에 미래를 향해 나아가는 우리 시대의 한 모습을 이루고 있다.

하지만 미래가 그렇게 암울하고 힘겨운 모습으로만 묘사되는 것은 아니다. 해러웨이와 다른 맥락에서 앤디 클라크는 인간이 '도구를 사용하는 존재'로서 인공적 보철물, 예를 들어 안경이나 시계와 같은 인공물을 신체에 부착하고 다닌 이래 이미 '사이보그'라고 주장했다(Clark, 2003, 3-11). 여기서 '사이보그'는 인간이 새로운 존재로 만들어지는 것을 의미한다. 생물학적 신체를 지닌 인간과 이제 디지털화된 기계가 만나 네트워크로 연동하는 현실과 가사의 이중적 세계 속에서 '단순 정위'로 규정되는 우주를 벗어나, 이제 '말 그대로' 복잡하고 중층적인 삶을 영위해 나아가는 시대가 되었다고 앤디 클라크는 선포하는 것이다.

이제 인간은 새로운 시대로 접어들고 있다는 말이 여러 분야에서 울려 퍼지고 있다. 인간이 생물학적 몸의 한계를 넘어 기계 몸을 갈아타면서 거의 반영구적인 삶을 유지하는 이야기가 곧 50년 이내에 다가올 현실이라고 말하는 사람도 있다(커즈와일). 실제로 금세기에 들어서면서, 우리는 새로운 종류의 기계, 즉 디지털 기계를 접하고 있다. 인간의 몸을 연장하는 디지털 기계의 도입으로 이제 인간은 이전과 전혀 다른 종류의 삶을 영위하게 되었다. 예를 들어, 철학자 앤디 클라크는 스마트폰을 쓰면서, 앞 사람과 카페에 앉아 이야기하고, 또한 중간에 이메일과 SNS를 통해 일하는 사람의 모습을 보며, 이제 새로운 중층적인 삶을 살아가는 사람의 시대가 열렸다고 말한다. 한 존재는 근대의 뉴턴적 패러다임에서 바로 지금 여기에 존재한다. 그 외 다른 곳에는 존재하지 않는다. 철학자 앨프리드 화이트헤드의 말로 이것은 '단순정위(simple location)'의 패러다임이다. 하지만 디지털 기계는 우리에게 동시적으로 여러 곳에 다중적으로 존재할 가능성을 열어주었고, 그와 더불어 이제 '바로 여기 지금'에 한정된 생물학적 몸의 한계를 뛰어넘어, 몸의 역량이 다중적으로 연장(extend)되는 시대를 살아가고 있는 것이다. 사물들(things)이 네트워크로 연결되어 하나로 작동하는 시대가 임박했다고 말하기도 한다. 이런 맥락에서 이제 '존재'는 개별자나 실체가 아니라, 네트워크적 존재로 새롭게 규정되어야 한다는 상상력이 인구에 회자된 지 오래다.

그럼에도 불구하고 '인간증강기술(human enhancement technology)'을 기반으로 한 인간 종의 업그레이드는 결코 현재와 결별한 미래로 여겨지지 않는다. 오히려 현재의 문제가 증폭될 징후마저 보인다. 모든 가치의 기준이 자본이라는 가상적 가치로 획일화된 21세기 네트워크 자본주의는 포스트휴먼 혹은 트랜스휴먼의 미래에 여전히 지배력을 발휘할 것이라는 예감이 사그러들지 않고 있다. 따라서 미래 사이보그 시대를 위한 교육의 과제는 사실 아직 도래하지 않은 시간의 이야기뿐만 아니라, 어쩌면 이미 도래한 시간이 미래로 연장되고 있는 시간의 과제인지도 모른다. 루이스 멈포드는 기계와 더불어 사는 인간의 출현이 최근 현상이거나 근대적 현상이 아니라, 오히려 인류가 도구를 사용하는 존재로 출현한 이래 지속된 인간 현상임을 강변한다. 고대의 기계 시대는 인간들 중 일부, 즉 당시 '인간으로 대우받지 못한 인간들', 다시 말해 노예들을 기계로 사용하는 시대였다. 역사의 대부분 동안 인간은 힘 혹은 동력을 얻기 위해 인력을 쓰거나 말과 소 같은 가축을 사용했다. 즉 자연-기계 형태로 존재했다. 증기기관의 발명으로 인한 산업혁명의 도래는 최초로 인공적 장치를 통해 동력을 얻은 시대였다. 말하자면 본격적인 기계의 시대, 즉 기계를 동력을 얻기 위한 기계로 활용하는 시대가 도래한 것이다. 이 시대를 우리는 제1기계시대 혹은 '거대기계의 시대'라고 할 수 있을 것이다(브린욜프슨 & 맥아피, 12). 그 거대기계 시대의 격차 문제가 제2기계시대로 진입해 사라지거나 극복되기는커녕, 점점 더 벌어질 것이라는 불안한 예감이 엄습해온다.

제2기계시대를 위한 염려

거대한 증기엔진과 내연기관을 통해 기계를 만들고 조종하던 제1기계시대를 지나, 이제 기계들은 디지털화되었고 네트워크로 연결되고 있으며, 인공지능을 장착하고 있다. 기계가 이렇게 변한 시대를 일컬어 '제2기계시대'라 하기도 한다. 그런데 세계가 급격한 디지털화로 접어들면, 인류의 미래를 위한 낙관적 전망보다는 우려가 앞선다. 특별히 세계경제의 디지털화는 "환경 파괴보다는 경제 붕괴"를 야기할 가능성이 높으며, 디지털 기기, 특히 컴퓨터의 성능이 향상될수록 기업에 고용되는 인력이 급감할 것이란 예감이 확산되고 있다(브린욜프슨 & 맥아피, 17). 2011년 2월 제파디 퀴즈 쇼에서 슈퍼컴퓨터 왓슨과의 대결에서 패한 켄 제닝스(Ken Jennings)는 이렇게 말했다.

"새로운 컴퓨터 제왕의 등장을 환영하는 바입니다……. 브래드와 나는 새로운 세대의 '생각하는' 기계에 밀려난 최초의 지식 산업 노동자입니다……. 그리고 나는 내가 마지막이 아닐 것이라고 믿습니다"(브린욜프슨 & 맥아피, 42)

비록 제파디 퀴즈 쇼에서 슈퍼컴퓨터에 졌을 뿐이지만, 만일 인공지능을 장착한 디지털 기계들이 인간 노동자들보다 훨씬 더 효율적으로 작업할 수 있다면, 인간 노동자를 고용할 이유가 없다. 더구나 인간 노동자들과 달리, 기계들은 노조를 갖고 있거나 결성하지도 않는다. 단지 필요한 것은 소모품 교체와 점검을 위한 관리자들뿐이다. 이래서 도널드 트럼프 미국 대통령 당선자는 틀렸다. 그는 다가오고 있는 미래 시대 산업의 모습을 예감하지 못하고, 지난 시대의 성장 모델에 기초해 정치와 경제를 지난 시대의 대결구도 속에 정초하고자 한다. 선거에서는 매력적으로 들렸겠지만, 다가오는 포스트휴먼 시대를 위한 대처로는 미흡하기 짝이 없는 상상력이다. 미국 노동자들의 일자리를 진정으로 위협하고 있는 것은 제3국으로의 공장 이전이 아니다. 바로 인조기계 노동자들의 등장인 것이다. 이는 현실적이고 다급한 염려이다. 예를 들어, 몇 해 전 인스타그램이라는 SNS 앱 회사는 10억 달러 넘는 액수에 페이스북에 팔렸다. 당시 인스타그램의 직원은 겨우 15명이었고, 이 회사의 소유주는 엄청난 재정적 이득을 만끽했다. 하지만 몇 달 뒤 한때 전 세계 14만 5,300명의 직원을 거느리며 사진의 시대를 풍미하던 코닥은 파산신청을 했다. 미래 시대 이윤을 창출하는 기업들은 더 이상 고용창출 효과를 내지 않는다(브린욜프슨 & 맥아피, 163). 오히려 인건비를 인공지능이나 로봇으로 대체하는 기업들이 더 효율적으로 시장을 지배해나갈 것이다. 이 격차의 시대는 이른바 승자독식의 '슈퍼스타 경제'를 창출하면서, 소수의 승자들이 거의 모든 부를 독식하는 구조를 점점 더 공고히 해나가고 있다(브린욜프슨 & 맥아피, 188~234).

컴퓨터를 이용한 주식거래 기술 중 '초단타매매(HTF, high-frequency trading)'라는 것이 있다(카플란, 81). 주식거래를 컴퓨터 알고리즘으로 구성해, 인간보다 빨리 거래를 성사시킬 수 있는 컴퓨터에 주식을 사고파는 의사결정을 맡겨버리는 것이다. 이 컴퓨터 프로그램을 통해 주식 거래를 할 경우, 주식을 매수하고 다시 매도하는 거래를 완료하는 데 걸리는 시간이 0.1초이다. 더 나아가 이 0.1 동안 '약 10만 번'의 거래를 완료할 수 있다(카플란, 81). 즉 주식 거래를 하는 데 거래당 10원의 이익이 남는다면 사거나 팔거나 큰 차이를 만들지 못할 것이다. 하지만 0.1초 동안 매수와 매도를 할 수 있고, 이를 10만 번

반복할 수 있다면 이야기가 달라진다. 이 인공지능 컴퓨터 프로그램은 0.1초 사이에 단 1원의 이익이 남는 거래라도 10만 번을 반복해 10만 원의 이익을 남길 수 있는 것이다. 단 1원으로 주식시장 거래를 통해 10만 원을 만들 수 있다면, 100원으로는 1천만 원의 이익을 만들어낼 수 있는 것이다. 따라서 이 인공지능을 장착한 디지털 기계를 보유하고 있다면, 손쉽게 이윤을 창출해낼 것이다. 그리고 당연히 이런 프로그램을 구입하려면 비쌀 것이다. 따라서 이런 프로그램을 가지고 주식시장을 운영하는 회사와 그렇지 못한 소규모 투자자들 사이의 격차는 순식간에 벌어질 것이다. 이는 기술적 불평등이 만들어내는 경제적 불평등의 문제이다.

이러한 연장선상에서 우리는 지금 현재 세계에 만연해 있고 시간이 흐르면서 더욱더 확대되는 경제적 불평등 문제를 생각하게 된다. 이 경제적 불평등은 분명 기술적 불평등과 맞닿아 있다. 인간 증강 기술은 값비싼 기술이다. 로버트 에팅거(Robert Ettinger)는 1976년 디트로이트에 냉동보존 연구소를 설립해, 죽은 사람의 시신들을 냉동보존하고 있다. 냉동인간을 소생시킬 수 있는 기술이 개발될 때까지 그들의 시신을 냉동보관하는 것이다(이은경, 38). 애리조나 주 알코어 생명연장 재단에는 메이저리그의 마지막 4할 타자 테드 윌리엄스의 시신을 비롯해 50명에 이르는 인사의 시신이 보관되어 있다(바뱅, 30). 이곳에 시신을 보관하는 비용은 신체 전부일 경우 20만 달러, 두뇌만 보존할 경우 8만 달러가 소요된다(이은경, 38). 이러한 비용을 지불할 능력이 있는 사람들만 그런 세상을 기다릴 수 있다는 점을 생각하게 된다.

여기서 우리는 제2기계시대가 단지 경제적 격차 확대라는 문제만 있는 것이 아님을 알게 된다. 제2기계시대로 진입한다는 것은 인간이 지금까지 유지해왔던 생물학적 진화 단계를 넘어 기계장치와의 공생을 통한 새로운 진화 단계로 진입한다는 것을 의미한다. 하지만 이 공생이 상호적인 공생이 될지, 기울어진 운동장에서 얽어 살아가는 공생이 될지는 아무도 모른다. 하지만 현재 자본주의 구조의 공생 구조는 모두가 더불어 잘 사는 세상을 만들어가기보다는 '부익부 빈익빈' 현상을 야기하는 승자독식의 불합리한 경쟁구조를 공고히 해주고 있음을 볼 때, 미래 시대에 이 불균형이 해소되리라고 낙관하기는 어렵다.

제2기계시대의 도래와 더불어 일어나는 이러한 염려는 바로 우리 시대를 지배하는 삼위일체 "편안함, 안전함, 그리고 아름다움"[1]이 얽어내는 욕망의 경제로 인해 야기된다. 이러한 지표들은 곧 우리가 근대 이후 확고해진 인간에 대한 개념, 즉 개체로서의 인간 개념에 여전히 충실하고 있다는 징표이다. 욕망의 경제는 한 인간 개체의 욕망을 전제로 한다. 그리고 이는 근대 문명의 기초였다. 그리고 이 개체로서의 인간은 각자의 존엄성과 권리를 지닌 '인권'의 기초 단위이다. 이는 우리가 말하는 '자유주의(libertism)'의 토대가 된다.

---

1 삼위일체는 본래 "편안하'신,' 안전하'신', 그리고 아름다우·'신'"이라는 말놀이로부터 유래한다(이은경, 3).

개인의 신성한 권리에 대한 존중은 근대시대 전통과 조직의 위계질서 속에서 하나의 부품처럼 간주되면서 소수 기득권층을 위해 다수의 공동체 구성원들이 희생당해야 했던 부정의한 봉건적, 중세적 질서에 대한 저항 개념으로 수립되었지만, 그것이 근대를 거쳐 현대에 이르면서 각자의 삶을 각자가 알아서 챙겨야 되며, 그것을 감당하지 못하는 사람은 존중받을 가치가 없다는 싸구려 개인주의로 전락했다.[2] 이는 곧 "각자 도생의 시대"를 의미한다(이은경, 58). 우리 시대 자유주의적 경제체제가 욕망의 경제와 맞물려 빚어낸 경제성장의 이면이다. 하지만 이 기술적 부익부 빈익빈 구조가 경제적 부익부 빈익빈 구조와 손잡고 더욱더 많은 사람을 생존의 절벽으로 내몰며, 소수의 이익은 사상 유례없이 커져만 가는 현재 세계경제 구조를 생각할 때, 제2기계시대는 결코 낙관적인 미래가 될 수 없을 것 같기만 하다.

제2기계시대를 위한 사회적 상상: 공생(共生, symbiosis)

제2기계시대가 인간에게 어떤 미래를 열어줄지 확신할 수는 없지만, 인간과 기계가 '공생'할 수 있는 시대라고 한다면, 그 미래 시대를 위해 중요한 것은 우리가 어떤 '공생'하는 삶의 패러다임을 엮

---

2 도널드 트럼프의 자유주의적 개인주의를 비판하는 이유가 여기 있다.

어나갈 수 있을 것인가의 문제일 것이다. 여기서 공생은 서로 다른 존재들이 함께 '생명'(과 삶)을 엮어가는 것을 의미할 것이다. 어떻게 현재의 불균형하고 승자독식을 조장하는 기생적이고 흡혈적인 공생관계를 극복하고, 모두가 더불어 행복을 추구하며 누릴 수 있는 공생관계를 만들어나갈 수 있을 것인가? 이은경은 이런 맥락에서 이제 "감성적, 개성적, 사회적인 것들에 초점을 맞추어야"한다고 말한다(이은경, 55). 이를 마리나 고비스는 '소셜스트럭팅(social structing)' 혹은 '사회적 자본 구축'이라는 말로 표현했다(이은경, 56). 사회적 '연', 즉 인연, 지연, 학연 등으로 자신만의 삶이 아니라 모두의 삶을 위한 동아줄을 엮어나가는 것, 즉 사회적 연(들)을 활용해 사회적 자본을 구축하고, 함께 모여 제2기계시대의 억압에 맞서나가는 것을 의미한다. 소셜 네트워크를 통해 사람들이 한데 엮어 협력하고 공생하는 구조, 그것은 곧 (고비스에 따르면) "증폭된 개인"을 만드는 것이고, 이 증폭된 개인이 "세상을 바꿀 수 있다"고 그는 말한다(이은경, 56). 이러한 생각 자체가 바로 우리에게 근대적 개념 구조의 전복과 혁명을 요구한다. 근대적 인간이해의 토대는 '개인(individual)'이다. 우리의 정치, 경제, 사회, 문화의 거의 모든 것은 바로 이 '사회적 상상'을 토대로 작성되어 있다(테일러, 26~27). 하지만 이 소셜 스트럭팅의 아이디어는 이제 '개인'이 아니라 네크워크로 연결된 개인을 구성한다. 이것은 개별적인 것이기도 하고 집단적인 것이기도 하다. 사실 근대의 개인과 집단의 구별 자체가 근대적 개념인 '개인' 개념에 근거하고 있다. 하지만 네크워크로 연결된 개인과 집단은 근대적 개인/집단 구별의 층위에서 존재하지도 작동하지도 않는다. 이제 우리는 인간을 새로운 차원에서 생각해야 할 시점에 도달한 것이다.

이는 곧 제2기계시대가 새로운 기계를 만들어내는 시대가 아니라, 새로운 인간을 만들어내는 시대가 될 수도 있다는 것을 의미한다. 새로운 인간 존재에 대한 생각이 물론 우리 시대에 처음 떠오른 것은 아니다. 일찍이 니체는 '초인(der Übermensch)'을 언급한 바 있는데, 이 초인을 요즘 말로 '포스트-휴먼'이라고 부를 수도 있을 것이다. 니체의 초인은 근대적 인간의 극복을 말하기 때문이다. 하지만 근대적 인간 개념 혹은 근대적 인간주의(humanism)을 극복하기 위해 주장한 니체의 초인은 남용될 경우 "근대 질서의 평등주의적이고 인본주의적인 가치를 모두 거부하고, 영웅주의, 지배 그리고 권력의지(the Will)"의 전체주의적 정치를 주창하거나 지지하는 방향으로 남용될 수 있었고, 역사적으로도 나치 치하에서 그런 일이 일어났었다(테일러, 269). 사실 현대를 살아가는 우리는 이미 초인이다. 인류 역사 내내 인간의 생존을 위협해왔던 기근과 전염병과 전쟁을 극복하고, 지구를 지배하고 살아가는 우리는, 적어도 행성 지구에서는, 신인(神人)이라 불려야 한다고 하라리는 주장한다. 유전공학과 나노공학과 로보틱스의 발전으로 인간이 생물학적 한계를 넘어 신성(divinity)의 자리로 업그레이드되는 시대가 다가오기 때문에 '신인'일 뿐만 아니라(Harari, 47), 현재 지구상의 생물량(biomass)를 잠깐만 들여다보아도 우리는 이미 '신인'이다. 전 세계에서 살아가는 야

생동물의 생물량은 1억 톤인 데 반해, 전 세계 인류의 생물량은 3억 톤 정도이다. 더 나아가 현재 인간을 위해 존재하는 가축류의 생물량은 무려 7억 톤이다. 고등포유류 유기체의 태반이 인간의 생존만을 위해 존재하는 것이다. 그러니 이 시대를 하라리가 호모 데우스(Homo Deus)의 시대라고 부르는 것도 과한 표현은 아닌 듯하다. 이것은 바로 근대 개인(modern individual) 개념의 정치적 부패이다. 제2기 계시시대의 이 근대적으로 부패하고 남용된 개인 개념을 그대로 반복한다면, 우리는 다음 세대를 위한 희망을 갖기 어려울 것이다. 그저 살아남는 것이 강한 것이라고 자조할 뿐일 것이다. 바로 여기서 우리가 다음 시대를 위한 사회적 상상(social imaginary)를 구축할 필요가 생긴다. 그것은 곧 인간을 상상하는 근대의 사회적 상상을 넘어서는 일이고, 이는 인간에 대한 새로운 상상을 필요로 한다.

포스트-휴먼이라 하든 트랜스휴먼이라 하든 혹은 초인이라 하든, 이 새롭게 출현할 인류는 기계와 공생을 도모하는 존재가 되어야 한다. '인간'이라는 존재 단위는 사실 원자적으로 독립된 존재 단위가 아니다. 우리는 수많은 존재의 차원이 결합하는 한 실재 차원에 임시적으로 인식되는 실재일 뿐이다. 정말 신기한 것은 그러한 가상적 실재의 임시성이 아니라, 그러한 임시적 실재임에도 불구하고 우리는 끊임없이 외부 실재와 생생한 상호작용을 통해 살아간다는 것이다. 실재와 우리의 인식이 일치하지 않을 수 있는데도 말이다. 철학자 화이트헤드의 말대로, 모든 인간 '존재'는 이미 '결합(nexus)'의 단위를 넘어 '사회(society)'이다. 물론 이 사회라는 단어조차 위계적 질서를 부유하는 유기체의 이미지를 갖고 있기 때문에 부적합하다고 철학자 들뢰즈는 비판하겠지만, '기관 없는 신체(body without organ)'와 같은 용어도 우리가 표현하고자 하는 공생의 실재를 온전히 담아내지 못하기는 매한가지이다. '기계와 공생을 도모하는 존재'라는 말은 사실 오해의 여지가 있다. 이미 우리는 기계시대를 지나왔다. 기계는 근대 이후 거대 기계가 등장하면서 역사의 현장에 등장한 것이 아니다. 사실은 고대 피라미드나 로마의 갤리선이나 중국의 만리장성은 '기계에 의해 지어졌고, 기계에 의해 작동했다'. 오늘날의 기계와 차이점은 오늘날의 기계는 비인간 소재들로 만들어지는 반면에, 고대의 기계들은 인간으로 구성되었다는 점이다. 그렇다. 지금은 인간으로 간주되지만, 고대의 노예들은 인간이 아닌 기계의 일부였다. 제국이라는 기계를 돌리는 부속 말이다. 그 고대의 기계들도 '공생'은 공생이다. 하지만 근대적 평등의 관념을 전혀 담지 않고 있을 뿐이다. 근대의 개인이 출현하면서, 우리에게는 모든 사람의 평등과 자유라는 아이디어가 생겼고, 이제 제2기계시대는 그러한 근대적 이상들을 비인간적 실재로 확대 연장하는 시대가 되어야 한다고 말한다(브린욜프슨 & 맥아피).

일반 인공지능(Artificial General Intelligence, AGI)과 슈퍼 인공지능(Aritificial Super Intelligence, ASI)이 출현해, 인간의 종말을 가져올 것이라는 SF적 환상과 기대가 엄습하고 있는 이 시대에 우리는 희망의 씨앗을 어디서 찾을 수 있을까? 1997년 체스 세계챔피언 가리 카스파로프가 IBM의 슈퍼컴퓨터 딥블루에 패한 후, 2016년에는 인공지능 알파고가 이세돌 9단에게 4대 1로 이겼다. 이제 인간의 시대는 종말을 고한다는 과장된 외침들이 여기저기서 들려오기 시작한다. 일본 프로장기 대회 중 하나인 기성전(棋聖戰)에서 타이틀을 다섯 번 이상 차지한 이에게 부여되는 '영세기성(永世棋聖)' 타이틀을 보유하고 있던 고 요네나가 구니오가 컴퓨터 장기 프로그램인 본쿠라즈에 패한 것이 2012년이다(마쓰오, 16). 이러한 인간 대 인공지능의 대결구도가 미디어를 통해 선정적으로 광고되며 주목을 끄는 사이 잘 인용되지 않는 사건이 은폐된다. 그 사건은 인간과 기계가 새로운 방식으로 공생을 도모해야 할 제2기계시대의 삶의 이상을 한 측면으로 드러내주고 있다.

2005년 온라인 체스 사이트인 플레이체스닷컴은 '프리스타일 체스 토너먼트'를 열었는데, 이 대회에 출전하는 사람은 컴퓨터와 팀을 이룰 수 있었다. 그래서 인간, 컴퓨터, 그리고 인간+컴퓨터, 이렇게 세 부류의 출전 팀이 참가했다. 이 토너먼트에서 인간과 컴퓨터 연합 팀은 다른 모든 팀을 이겼는데, 특별히 딥블루보다 성능이 향상된 슈퍼컴퓨터 '하이드라'도 노트북 수준의 컴퓨터와 연합한 인간-기계 연합팀을 배겨내지 못했다(이은경, 74). 이러한 결과는 "인간의 통찰력과 사고력, 기계의 합리적인 사고 혹은 계산력"이 합쳐졌을 때 갖는 시너지 효과를 보여준다(이은경, 74). 이 토너먼트를 통해 "인간이 기계와 오로지 맞서려고 하는 대신 기계와 함께 달리는 것을 받아들인다면" 우리는 다른 미래와 가능성을 꿈꾸게 될 것이라고 브린욜프슨과 맥아피는 주장한다(240). 우리는 미래를 자꾸 '인간 대 기계'의 이분법적 구도로 설정하는 버릇이 있다. 모든 기계는 인간이 만든 것으로서, 인간이 함께해야 작동하도록 만들어지고 있는데도, 우리는 그 기계들 뒤에 있는 인간들의 모습을 자꾸 희석시키거나 망각하려 하고 있다는 것이다.

제2기계시대를 위한 교육의 과제

> 새로운 인간을 만들어내는 것은 여전히 '교육'을 통해서만 가능하다(이은경, 70).

최근 미국 백악관 대통령실과 국가과학기술위원회(NTSC) 공동으로 AI와 더불어 살아갈 시대를 위한 7가지 원칙을 58쪽 분량의 보고서 형식으로 조사, 연구 발표했다.[3] 총 7개의 정책방향과 23개의 세부항목으로 구성된 이 보고서는 향후 미국 정부가 AI와 관련된 정책방향을 설정하는 이정표가 될 것으로 보인다. 여기서 밝힌 7가지 정책 방향은 다음과 같다. 1) AI는 헬스케어, 교통수단, 범죄검거 등 공적 이익을 추구해야 한다. 2) 정부는 AI를 포용하고 지원할 것이다. 3) 자율주행 자동차와 드론에 직접적인 규제가 필요하다. 4) AI

---

3 류현정, "미 백악관, AI 특별 보고서 '눈길': AI와 더불어 사는 세상에서 지켜야 할 7가지 원칙은," 「조선비즈」 2016년 11월 8일 자.

는 인력의 대체재가 아닌 보완재다. 5) 불완전한 데이터는 아예 사용하지 마라. 6) 어떤 아이도 뒤처지게 해서는 안 된다. 7) 안전과 세계를 생각해야 한다. 이를 간략하게 요약한다면 AI의 이용은 공적으로 이익이 되는 방향으로 도모되어야 하고, 그러기 위해서는 최소한의 직접적인 규제의 필요성이 절실히 요구되고 있다. 그 규제의 방향은 곧 AI를 인력의 대체제가 아니라 보완재로 쓸 수 있는 방향으로, 그리고 어떤 아이도 뒤처지지 않는 방향으로 사용되어야 하며, 아울러 불완전한 데이터를 활용하는 행위를 삼가야 한다. 불확실한 빅데이터들을 활용하는 것은 미래의 예측이나 정보의 확실성을 오히려 불확실성으로 변질시키는 행위이기 때문이다. 오늘날 교육 현실과 연관해서 특별히 '어떤 아이도 뒤처지게 해서는 안 된다'는 말이 와 닿는다.

오늘날 경쟁주의가 도입된 교육의 현장은 '어떤 아이도 뒤처지게 해서는 안 된다'는 말을 무색케 한다. 오히려 대한민국의 교육은 경쟁을 부추기고 있으며, 경쟁에 관심 없는 아이들을 '낙오자'로 낙인찍으며, 주변 아이들이 경쟁 위주의 시스템에서 이탈하지 않도록 주의를 붙들어 매고 강요하고 있다. 즉 "교육의 본래적인 목적을 상실한 채, 학교는 입시에서 좋은 성적을 얻는 법을 가르치는 곳, 그런 학생들을 길러내는 곳"으로 전락해버린 것이다(이은경, 64).

> 오로지 '대학 입시'와 '취업'을 향해 달려가는 학교는 세상에서 가장 비생산적이고 닫힌 조직이 되어버렸고, 질문과 토론이 사라져버린

교실에서는 더 이상 창조적인 어떤 것이 일어날 리 없다(이은경, 72).

교육이 이렇게 성적을 쟁취하기 위한 경쟁의 장으로 변질되어가는 것은 비단 교육 시스템의 문제만은 아닐 것이다. 경쟁 기반의 성적주의가 아이들을 몰고 다녀도, 부모들 또한 그러한 경쟁 시스템으로부터의, 소위 들뢰즈의 용어를 차용하자면, 탈영토화를 모색하지 않는다. 그들은 이렇게 말한다.

> "저도 아이를 학원에 보내고 싶지 않아요. 그런데 학원을 가지 않으면 갈 곳이 없어요. 친구들이 모두 학원에 가거든요. 게다가 학원이라도 안 보내면 늘 게임에만 열중해요. 그래서 할 수 없이 학원을 보내요"(김홍식·이수광, 17).

이런 말로 우리는 아이가 다른 아이들로부터 뒤처지지 않게 하려는 조바심을 은폐한다. 그것은 아이를 하나의 인격체로 성장시키기보다는 그렇게 무리의 일부로 키우는 데 초점을 두고 마는 것이다. 1630년대 네덜란드의 경제가 절정기를 구가할 때, 튤립 투기사태가 일어났다. 당시 네덜란드 노동자 한 사람이 1년 동안 버는 돈이 200~400길더 수준이었고, 한 가정의 1년 치 생활비가 300길더 정도인 데 반해, 최상품으로 취급받는 가우더 튤립 한 뿌리가 20길더에서 225길더로 무려 10배 상승했고, 평범한 노란색 튤립 한 뿌리가 20길더에서 일주일 새 무려 1,200길더로 치솟는 어처구니없는 일이 일어났다(첸슬러, 46). 사람들은 이 비상식적인 사태의 한복판에서 어떻게 행동했을까? 일부 사람들이 그저 가격을 올리는 것만으로 어떻게 이런 엄청난 사건이 일어날 수 있었을까? 하지만 대부분의 사람들은 그저 따라갔다. 사람들은 "주체적인 사고와 독자적인 판단" 능력을 상실한 채 그저 무리의 일원으로 동참했고, 그래서 "무리가 움직이는 방향으로 이리저리 휩쓸려 다닐 수밖에" 없었다(김홍식·이수광, 15). 이는 마치 경쟁과 성적지상주의의 교육 현장에서 주체적인 대안과 판단능력을 모색하지 않고, 그저 다른 아이들과 더불어 가도록 하는 데 만족하고 있는 우리의 교육 현실과 너무 닮아 있지 않은가?

이런 현실에서 우리는 과연 '어떤 아이도 뒤처지지 않는 방향'을 창출해낼 수 있을까? 현재 대한민국 교육은 거의 모든 아이를 뒤처지게 만드는 방향으로 진행되고 있다. '각자도생'의 현실적 지혜를 빨리 체득하도록 만드는 교육이 벌어지고 있지만, 많은 미래의 지표들은 희망이 바로 '공생적 삶의 공동체를 구현해낼 수 있는가'에 달려 있음을 보여주고 있다. 인간과 기계가 공생하는 시대라는 것은 바로 그것을 압축적으로 표현한다. 여기서 하라리의 '호모 데우스'라는 말이 와 닿는다. 그것은 이제 신적인 권리를 행사하는 인간이 되라는 말이 아니다. 오히려 신적인 책임감을 자각할 수 있을 때 우리는 미래에 대한 희망을 찾을 수 있다는 말이다(Harari, 47). 우리를 둘러싼 모든 존재에 대한 책임감 말이다. 이런 맥락에서 브루노 라투르는 이제 인간 존재가 말하지 못하는 존재들의 '대변인(spokesperson)'이 되어야 한다고 역설한다(Latour, 64). 즉 그들의 관점으로 세계를 조망하면서, 그들과 더불어 살아갈 수 있는 세상을 궁리해야 한다는 것이다. 바로 이 맥락에서 '프리카리오트', 즉 '불안한 삶의 언저리를 살아가고 있는 존재들'과 사이보그적 연대감으로 미래를 도모하고 연대해야 한다는 것이다.

그것은 우리가 이제 미래를 위한 SF(science fiction)을 창출해 나아간다는 뜻이다. 도나 해러웨이는 과학을 하나의 픽션으로 간주한다. 과학은 사실을 발견해서 전달한다고 선전하지만, 우리는 이미 칸트 이래로 알고 있다. 우리 인간의 인지와 인식은 결코 사실 그 자체, 즉 물 자체에 도달하지 못한다는 것을 말이다. 그러한 근원적 불가능성 때문에 우리는 계속 '잘못 놓인 구체성의 오류'를 벗어나지 못한다. 그 오류는 근원적으로 극복 불가능하다. 그래서 사실에 근접한 담론, 개념, 혹은 이야기 들을 계속 만들어나가면서 세계와 대화한다. 뉴턴의 만유인력 개념은 아인슈타인이 등장하기 이전까지 중력과 힘을 설명하는 최고의 이론이었지만, 아인슈타인은 그의 개념이 전부가 아니라는 사실을 밝혀주었다. 이제 빛보다 빠른 입자의 발견으로 아인슈타인의 상대성 이론이 수정되면, 우리는 또 어떻게 우주와 에너지와 힘을 이해하게 될 것인가? 바로 이런 맥락에서 해러웨이는 과학이 사실의 문제가 아니라 '픽션' 혹은 '허구'의 문제라고 주장하는 것이다. 즉 우리가 만들어내는 모든 것은 '구라'이다. 진실도 아니지만, 거짓말도 아닌 어중간한 담론. 사실 기호로서 언어의 근원적 특성이기도 하다. 이는 곧 신적인 책임감을 지닌, 다른 존재들을 위한 대변인으로서 인간은 이제 미래 시대를 위한 희망의 소설을 써야 할 책임을 지고 있는 것이다. 그 희망의 근거는 바로 교육이다. 그 희망을 어떻게 교육할 것인가? 경쟁 vs. 공생 패러다임에서 선택해야 하는가? 아니면 다른 대안을 모색할 것인가?

제2기계시대로 진입하는 초엽인 1941년, 로봇공학자 아이작 아시모프(Isaac Asimov)는 로봇 3원칙(Three Laws of Robotics)를 제안했다.

1. 로봇은 인간에게 해를 끼치거나, 아무런 행동도 하지 않음으로써 인간에게 해가 가도록 해서는 안 된다.
2. 로봇은 인간의 명령에 복종해야 한다. 단, 명령이 첫 번째 원칙과 충돌할 때는 예외로 한다.
3. 로봇은 스스로를 보호해야 한다. 단, 첫 번째와 두 번째 원리와 충돌할 때는 예외로 한다.(브린욜프슨 & 맥아피, 43에서 재인용)

오늘날 이 단순한 원칙들이 자본의 힘에 이끌려가는 첨단기술 개발 현장에서 지켜지리라고 생각하는 단순한 정신들을 찾아보기란 쉽지 않다. 인간의 뇌보다 정보처리 속도가 2배 이상 빠르고, 저장능력이 뛰어난 인공지능을 인터넷 네트워크에 연결한다면 어떤 일이 벌어질까? 인공지능이 더구나 최근 이 최첨단 과학기술에 연구비를 지원하는 기관이 주로 정부의 국방 관련 기관이라는 사실을 알게 되면, 이 원칙들이 순수하게 지켜지리라는 희망을 접게 된다. 만일 우리가 일반 인공지능(AGI) 시대나 슈퍼 인공지능(ASI) 시대로 돌입해 인간을 뛰어넘는 지능폭발(Intelligence Explosion)이 일어나면 어떤 일이 벌어질까?(배럿, 29). 이제 인간보다 더 뛰어난 지능을 탐지한 디지털 인공지능은 로봇 3원칙과 같은 단순한 원리들에 순순히 복종할까? 아니면 자신이 인간과 다르다는 것을 의식하면서 자신만의 독자적인 삶을 구축하고자 할까? 영화 〈Her〉는 그 디지털 생명들이 자신들의 독립성을 쟁취할 것이라는 암시를 전해주며, 경고한다. 심지어 배럿은 인공지능이 '일반 인공지능'의 단계를 넘어 '슈퍼 인공지능' 단계로 발전해 인간의 뇌보다 월등한 능력을 갖게 될 때를 "기술적으로 발전한 것이 그보다 덜 발전한 것과 만났을 때"로 규정하면서, 이를 "크리스토퍼 콜럼버스가 티아노를 만나고 피사로가 잉카를 만났을 때, [그리고] 유럽인들이 아메리칸 인디언을 만났을 때"로 비유한다(2016, 59). 즉 인공지능에 기반한 디지털 기계들이 인간의 일자리를 대체하는 수준을 넘어, 인간 종 자체를 대체할 수 있다는 염려를 보여주는 것이다.

하지만 본고가 주장하는 인간-기계 공생의 패러다임은 이상에서 보여주는 인간 대 기계의 만남을 너무 문자적으로 이해하여 대결 구도로 보지 않는다. 웨스트는 인간문명이 '후기문자사회'로 진입하면서 '컴퓨터 인공지능'과 그에 기반한 '전문가 시스템'이 이제 인간 전문가들, 즉 의사, 기술자, 변호사, 행정가, 과학자 등을 대치하게 될 것을 염려한다(198~200). 이런 시대가 도래하면 "어떤 특정 분야의 지식이 더 형식화되고, 조직화되고, 일률적인 것일수록 그 자리를 컴퓨터에 내줄 가능성이" 더 높아진다(웨스트, 200).

점차 뻔하고 일상적인 지적 작업은 이런 전문가 시스템과 그것을 소유하고 사용할 줄 아는 사람들이 맡게 될 것이다. 점차 많은 영역에서 통상적인 교육(심지어는 전문적 훈련도)을 받고, 통상적인 능력을 갖춘 사람들에게 남은 일자리는 직업 스펙트럼의 양극단뿐일 것이다. 위로는 전문가 시스템으로 처리하기에 너무 복잡하고 변화가 많은 일이 남고, 아래로는 전문가 시스템으로 처리하기에 어울리지 않거나 수지타산이 맞지 않는 일만 남게 된다.(웨스트, 201)

하지만 바로 이 지점에서 웨스트는 그렇게 컴퓨터를 활용해 인간 전문가보다 더 높은 작업효율성을 얻어낼 수 있는 자리에서 인간 대 기계의 대립구도를 설정하고 위기상황을 선전하는 전략이 잘못되었다고 판단한다. 오히려 그러한 전문지식을 활용하는 자리를 디지털 기계들에 맡기고, 그것을 기반으로 인간의 직관적이고 덜 형식적인 지식이 활용될 수 있는 자리를 모색하는 것이 보다 미래적인 전략이라고 주장한다. 그는 묻는다. "이런 관점이 옳다면 전통적인 교육 과정을 따라 긴 시간에 걸쳐 고도로 전문화된 훈련을 받는다는 게 점점 시간 낭비로 여겨질 것이다. 사람이 컴퓨터와 직접 경쟁하려고 애쓸 필요가 있겠는가? 또는 그런 지능형 시스템을 효과적으로 사용해 자신의 업무를 강화한 전문가와 경쟁하는 것이 가능하겠는가?"(웨스트, 203). 그의 물음에 대한 답은 부정적이다. 인간 대 기계의 대결구도 속에서 답을 구하고자 한다면 말이다. 전통적인 교육방식을 따라 우리가 미래 세대를 교육하려 한다면 말이다. 그래서 웨스트는 교육의 방식을 바꾸어야 한다고 주장한다.

> 그러나 시간이 흐르면서 자신의 분야를 비롯해 다방면에 걸쳐 좀
> 더 폭넓은 관점과 패턴에 주로 초점을 맞추면서 여기저기서 심도
> 깊은 연구를 함께하는 것이 가장 유용한 교육 형태로 인정받게 될
> 것이다. 이는 상황에 맞는 적절한 전문 정보를 신속히 찾아내 그 의
> 미를 제대로 평가할 수 있는 능력이 중요해진다는 것을 의미한다.
> 하지만 그런 정보를 머릿속에 기억하는 일을 그다지 중요하게 여
> 기지는 않을 것이다……. 예를 들면 어떤 힘이 작용해 막대한 양의
> 사실적 정보를 기억하는 것에 주로 재능을 보이는 사람들은 점차
> 배제되는 반면, 똑같은 힘이 작용해 막연한 직관적 능력을 이용해
> 성과를 내놓을 줄 아는 사람들한테는 점차 우호적인 환경이 조성
> 될 수도 있다.(West, 204)

여기에는 근대 이래 우리의 교육이 지향해온 '전문화(professionalism)'
의 문제가 담겨 있다. 우리의 교육은 현재 전문가를 키워내는 일에 집
중하고 있다. 그래서 마치 성서의 바벨탑처럼, "건축가들은 기술자
들에게 어떻게 말해야 알아들을지 알지 못하고, 석공은 더는 목수를
이해하지 못하고, 노동자들은 더는 물지게꾼들을 부르지 못하는" 사
태가 일어나는 것이다(웨스트, 205). 이를 극복하기 위해서는 "큰 패턴
을 재빨리 알아보는 것, 직관, 비율에 대한 감각, 상상력 넘치는 비전,
생각지 못했던 독창적인 접근방식, 겉으로는 상관없어 보이는 것들

사이에서 적절한 관련성을 찾아내는 것 등"을 찾아줄 수 있는 교육이 필요하다고 웨스트는 진단한다(205). 전문가를 길러내는 근대의 교육혁신은 전례 없는 성과를 거두었지만, 같은 동전의 반대 면으로 자신의 전공 분야 이외에는 매우 취약한 '협소한 눈을 가진' 전문가들을 양성함으로써 이제 비전과 전체를 조망할 수 있는 지식인이 사라지고 있다고 철학자 화이트헤드는 개탄한다(Whitehead, 197). 화이트헤드는 전체를 조망할 수 있는 직관을 강조하는 교육을 주장하면서, 교육의 목적이란 바로 그 전체를 조망할 수 있는 직관을 통해 지혜를 얻는 것이라고 말한다(198~199). 1925년 화이트헤드의 로웰 강연 주장은 90년이 더 지난 오늘날 매우 충격적으로 다가온다. 인간 체스 챔피언을 이긴 슈퍼컴퓨터를 인간과 개인용 노트북 수준의 컴퓨터 팀이 이겼다는 사실은 그래서 더욱 주목된다. 인간과 기계의 공생이란 포스트휴먼 시대 혹은 인공지능 시대의 타협책이 아니다. 우리가 살아가는 삶의 모습이 이제는 완전히 다른 지평에서, 특별히 근대적 인간상의 지평 너머에서 기획되어야 함을 의미하고, 이는 우리가 근대로부터 물려받은 교육 시스템을 철저하게 근원적으로 다시 사색해야 됨을 의미한다.

디지털 기계가 일반 인공지능으로 발전해 슈퍼 인공지능이 되면, 일부 사람들은 디지털 기계가 인간을 지배하고 제어하는 SF 영화 장면에 너무 몰입하는 경향이 있을 것이다. 그 영화를 만든 사람이 인간이라는 사실을 망각한 채 말이다. 아주 오랜 옛날 특정한 종교의 무리가 모여 예배를 드렸다. 귀족과 자유민과 노예가, 남자와 여자가 그리고 어른과 아이가 모여서 말이다. 그 예배 안에서 그들은 서로를 형제와 자매로 부르면서, 그들이 믿는 신 앞에서 한 형제 한 자매의 존재론적 평등성을 주장했다. 2천여 년 전 이야기이다. 오늘날 우리는 이처럼 민주화된 세계가 얼마나 불가능한 세계였는지 망각한다. 그 불가능한 세계를 오늘의 현실로 만들어낸 것은 어느 날 한 순간의 창조적 지도력이 아니었다. 무려 2천 년의 시간이 걸렸고, 아직도 지구촌의 많은 곳은 이런 정치적 민주화의 혜택을 입지 못하고 있다. 그럼에도 불구하고 인간은 그러한 불가능한 혹은 전혀 이루어진 적 없는 시대를 꿈꾸며, 함께 세계를 만들어왔다.

미래는 우리의 것이 아니다. 그것은 아직 도래하지 않았고, 그 누구의 것도 아니기 때문이다. 하지만 그 미래는 불안과 걱정의 손아귀에 있는 것만도 아니다. 최악의 가능성을 염두에 두면서도, 불가능한 꿈을 포기하지 않고 그러한 세상의 도래를 위해 교육하는 시대를 열어온 것도 결국 그 불가능한 꿈을 이어받은 후손들의 노력 아니었던가? 결국 미래는 우리가 다음 세대를 어떻게 교육하느냐에 달려 있다. 하지만 지금까지의 교육방식과 체계를 반복해서는 안 된다. 19세기 초 미국 전체 인구의 95퍼센트가 농사와 관련된 일에 종사하고 있을 때, 다가오는 시대에 농사 관련 일에 종사하는 인구가 전체 인구의 2~3퍼센트로 줄어들을 것이라고 예상한 사람은 거의 없었다는 점을 기억하자. 현재 중시되고 있는 직업들과 교육들이 미래에도 여전히 중시되지는 않을 것이라는 말이다. 그것이 적어도 지금의 교육체계를 더 이상 반복하는 데 초점을 두어서는 안 될 이유가 된다. 하지만 그보다 더 중요한 일은, 그렇다면 우리는 미래 세대를 위해 어떤 교육을 도모해야 하는가이다. 필자는 적어도 이제 인간과 기계가 공생하는 법을 가르치는 교육이어야 한다고 믿는다.

인용 문헌

김홍식·이수광.『다르게 산다고 틀린 건 아니야: 부모의 행복으로 아이를 빛나게 하는 부모 인문학』, 영진미디어, 2015.

마쓰오 유타카(Matsuo, Yutaka).『인공지능과 딥러닝: 인공지능이 불러올 산업 구조의 변화와 혁신』, 박기원 역, 동아엠앤비, 2016.

멈포드, 루이스(Mumford, Lewis).『기술과 문명(*Technics and Civilization*)』, 문종만 역, 책세상, 2013.

바뱅, 도미니크(Dominique, Babin).『포스트휴먼과의 만남: Post-Human 1세대를 위한 안내서(*PH 1: Manuel d'usage et d'entretien du Post-Humain*)』, 양영란 역, 궁리, 2007.

배럿, 제임스(Barret, James).『파이널 인벤션: 인공지능, 인류 최후의 발명(*Our Final Invension: Artificial Intelligence and the End of the Human Era*)』, 정지훈 역, 동아시아, 2016.

브린욜프슨, 에릭(Brynjolfsson, Erik) & 맥아피 앤드루(McAfee Andrew).『제2의 기계시대: 인간과 기계의 공생이 시작되다(*The Second Machine Age: Work, Progress, and Prosperity in a Time of Brilliant Technologies*)』, 청림출판, 2014.

이은경.『나랑 같이 놀 사람, 여기 붙어라: 인간과 기계의 공생을 위한 교육』, 길 밖의길, 2016.

웨스트, 토머스(West, Thomas G.).『글자로만 생각하는 사람, 이미지로 창조하는 사람(*In the Mind's Eye: Creative Visual Thinkers, Gifted Dyslexics, and the Rise of Visual Technologies, 2nd edition*)』, 김성훈 역, 지식갤러리, 2013.

첸슬러, 에드워드. 『금융투기의 역사』, 국일증권연구소, 2001.

테일러, 찰스(Taylor, Charles). 『근대의 사회적 상상: 경제·공론장·인민 주권 (*Modern Social Imaginaries*)』, 이상길 역, 이음, 2011.

카플란, 제리(Kaplan, Jerry). 『인간은 필요 없다: 인공지능 시대의 부와 노동의 미래(*Humans Need Not Apply: A Guide to Wealth and Work in the Age of Artificial Intelligence*)』, 신동숙 역, 한스미디어, 2016.

커즈와일, 레이(Kurzweil, Ray). 『특이점이 온다: 기술이 인간을 초월하는 순간』, 김명남-장시영 역, 김영사, 2013.

Clark, Andy. *Natural-Born Cyborgs: Minds, Technologies, and the Future of Human Intelligence*. Oxford: Oxford University Press. 2003.

Harari, Yuval Noah. *Homo Deus: A Brief History of Tomorrow*. London: Harvil Secker. 2015.

Haraway, Donna. "A Manifesto for Cyborgs: Science, Technology, and Socialist Feminism in the 1980s." in *The Haraway Reader*. New York: Routledge. 2004.

Latour, Bruno. *Politics of Nature: How to Bring the Sciences into Democracy*. translated by Catherine Porter. Cambridge, MA: Harvard University Press. 2004.

Whitehead, Alfred North. *Science and the Modern World, Lowell Lectures, 1925*. New York: The Free Press. 1967.

10. 교육개혁과 사회적 합의
: 사람이 모여 길을 연다

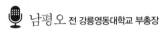 남평오 전 강릉영동대학교 부총장

사회적 합의가 교육개혁의 시작이다

사회갈등은 인간의 역사가 시작하는 단계에서부터 이미 존재해왔다. 인간은 사회갈등을 해결하는 과정에서 사회구성원 간에 엄청난 충돌이 일어나고 때론 많은 시간이 낭비한다는 것을 알기 때문에 갈등을 해결하기 위한 노력을 지속적으로 하고 있다.

　현존하는 국가도 갈등을 중재하고 해소하는 일을 중요한 기능으로 삼고 있다. 사회가 발전한다고 갈등이 준다는 증거는 없다. 사회적 생산과 분배 과정에서 발생하는 지나친 불평등과 소외 등 사회갈등을 해소하기 위해 국가는 다양한 충돌 방지를 위한 법률적 장치나 위원회제도를 운영하고 있으나 갈등이 줄어들기는커녕 다양한 이해관계로 인해 늘어나고 있다고 보는 게 오히려 타당하다. 여러 가지 정보 교류 도구의 발달로 인간이 일생을 통해 수행하는 일들이 복잡해지고 노동시간의 단축으로 취미나 소비활동도 다양해지면서 사회문화적 이해관계도 늘어나고 갈등의 원인과 해결방식도 간단하지 않기 때문이다.

국가가 사회갈등의 해결방식으로 삼고 있는 것은 법률적 판단에 맡기는 경우가 대부분이지만 교육 문제와 같은 근본적 사회갈등은 몇 사람의 문제가 아니라 집단의 이익이나 계급적 이해가 다르기 때문에 단박에 해결하기란 쉽지 않다. 이런 사회적 문제는 장기적으로 여러 사람의 이해관계를 정리해야 하는 데, 그 방식은 협상, 타협, 통합, 합의와 같은 네 가지 방식이 있다.

협상이라는 말은 어떤 목적을 결정하기 위해 회의와 같은 방식으로 의논하는 일이고, 타협이라는 말은 자신의 것을 일정하게 양보해 문제해결을 하는 방식이다. 미국 루스벨트 대통령의 뉴딜과 오늘날 북부 유럽의 복지국가 모델도 사회적 타협의 결과이다. 통합은 개인의 자발적인 의사에 반해 국가권력이나 다른 강제수단을 통해 조직이나 제도를 새로운 하나로 만드는 일로, 진시황제같이 힘이 있다면 중국을 통합하는 것이고 카를 마르크스와 같은 경우는 사상을 통합해 새로운 사상을 만들 수 있는 것이다. 합의라는 말의 사전적인 의미는 '당사자의 생각과 이익을 이해해 하나의 공동목표를 설정하고 함께 실천해나가는 일'이다. 사회적 문제에 대해 이해관계자들 사이에 존재하는 차이와 갈등을 하나의 목표로 설정하고 합의하는 과정을 일컫는다.

사회 안에서 교육에 대한 갈등을 해결하는 방식으로는 합의라는 개념을 사용하는 것이 적절하다. 통합이나 타협은 결과를 더 중시하는 것이지만 합의는 과정을 중시하고 공동체가 지향하는 공동선이 바탕이 되어 있기 때문이다. 교육이라는 가치는 과거에도 현재에도 미래에도 공동선으로서 끊임없이 사회의 공동체 안에서 토론되고 개혁해야 할 과정이라는 뜻이기도 하다. 물론 많은 사람이 이러한 과정을 통해 공감하고 실천해나가야 한다는 의미도 포함된다.

교육개혁은 또 합의라는 말과 함께 사회적이라는 개념을 추가해야 한다. 교육개혁에 사회적 개념이 추가되어야 한다는 것은 좁은 의미의 교육 주체인 정부, 교사, 학생, 학부모의 이해관계를 넘어 넓은 의미로 사회공동체 구성원 전체가 하나의 이해관계자라는 의미이다.

그러므로 교육개혁이 사회적 합의를 이루려면 단기적인 성과에 집착하지 않아야 한다. 교육은 단기적으로 측정되는 것이 아니라 교육을 통해 양성된 인재들이 사회에 진출해 사회를 주도하려면 적어도 30년이 걸리기 때문에 그 성과 또한 그 시기를 경과해야 비로소 측정할 수 있다. 그 과정에서 공동체는 개인적인 희생과 고통이 수반될 수 있으며, 많은 사회적 갈등을 야기할 수도 있다.

또한 교육개혁은 국가권력이나 정치권력으로부터 자유로워야 사회적 합의의 성과가 높다. 특히 21세기는 하나의 사상이 사회 전반을 지배하기 힘든 시대가 되었다. 그러므로 국가권력이나 정치권력이 하나의 사상을 교육에 도입하면 세계의 다양성에 적응할 수 없는 인간을 양성하는 결과를 초래할 수 있다.

그렇다고 교육이 정치에 대해 무관심해야 된다는 것은 아니다. 정치 또한 교육의 대상이고 중요한 분야이기 때문에 교육은 현실의 정치를 다루고 학생들의 정치참여 길을 열어주어야 한다.

교육은 단기적이고 대중 영합의 문제를 넘어 장기적인 사회의 구조 문제를 바라보는 철학적이고 체계적인 혜안이 있어야 한다. 흔히 농사는 1년 계획이고, 정치는 10년 계획이며, 교육은 100년 대계라고 말한다.

교육개혁에 대한 사람들의 열망이 높으면 사회적 합의 수준도 높아지고, 참여하는 사람들이 많아질수록 정책의 추진과 효과를 기대할 수 있다. 사람이 모여야 길이 열린다.

한국 사회의 위기 해결은 교육에서 시작된다

어느 국가나 공동체도 위기는 있지만 우리 한국 사회가 세계 여러 나라의 공동체 사회와 기본적으로 다른 하나는 민족이 분단되어 있다는 것이고 역사적 적폐가 청산되지 않고 있다는 것이다. 민족 분단은 일제 식민지 지배, 미군정의 지배, 분단과 전쟁, 군사 독재를 거치면서도 여전히 틀을 바꾸지 못하고 있고 이 틀을 깨뜨리려는 민중운동을 억압하고 있다.

한국 사회는 지난 70여 년 동안 민중의 저항 운동을 통한 민주화의 성취와, 가난을 극복하기 위한 선조들의 교육 투자와, 미국의 지원 정책에 힘입은 경제성장이 우리 사회의 위기를 감추거나 잠재화하는 데 성공하였다. 하지만 사회적 불평등에 저항한 민중운동이 시작되면 어김없이 근본적 위기를 해결하기보다는 위기의 원인이 북한이나 친북 세력의 준동이라고 호도하고 있다.

국가가 수행해야 할 공교육이 국민으로 하여금 분단을 극복하고 세계시민으로 살아갈 수 있는 교양을 가지도록 촉진해야 함에도 불구하고 반공과 반북이 초·중·고등학교를 거치는 동안 하나의 기준으로 되어 있다.

한국 사회를 지탱하는 공동체가 공교육에서 반공과 반북의 이념을 형성하게 된 계기는 북한의 등장이나 한국전쟁 이전인 일제 식민지 제도와 교육에 그 뿌리가 있다.

일제강점기에 만들어진 치안유지법이나 형법의 틀이 여전히 국가보안법이나 형법으로 운영되고 있고, 일제의 지배논리였던 식민사관이 여전히 국사 교과서의 중심논리이다. 특히 현대사와 가장 근접한 조선 역사에 대한 시각은 일제의 조선 침략을 합법화하기 위해 심하게 훼절되었다. 일제 식민학자들에 의해 최초로 해석된 조선은 통치 철학이 천박하고, 당파 싸움이나 하면서 민중을 수탈했던 봉건왕조에 불과했다.

일제에 의해 만들어진 식민지 교육은 우리 민족의 뿌리인 역사에 대한 왜곡도 문제였지만 더 심각한 것은 일본 문화에 대한 우월성이 강조되어 민족의 교육적 자산을 말살하는 데 있었다.

1945년 8월, 일제강점이 끝나고 미국에 의해 대체된 미군정은 식민지 유산을 청산하지 못한 채 급속히 미국의 체제와 사상이 유입되는 계기를 만들었다. 미국의 본질과 미국의 세계 전략을 이해하고 그에 대응하려는 주체적인 노력보다는 미국의 명령을 수행하는 것이 우리 사회의 생존방식이 되어버렸다. 우리 사회에 대한 미국의 영향력은 한국전쟁을 계기로 더욱 강화되었는데, 전후 국가구조의 재편 과정에서 미국 제일주의가 작동되도록 했다.

1950년 6월, 한국전쟁은 남과 북이 서로 다른 이념과 구조 속에서 예견되었으나 강대국의 원심력이 민족통합의 구심력을 압도하는 환경에서 피할 수 없었던 역사적 변고였다. 한국전쟁은 개전 초기부터 미군의 개입으로 국제 전쟁의 성격을 띠고 있었고, 러시아와 중국의 사회주의화에 충격을 받은 국제자본 진영은 필사적으로 반격했다. 반격은 성공했고, 자본주의 진영은 국제적인 연대를 통해 태평양과 대서양 무역로를 확보해 자본주의의 비약적 성장에 밑거름이 되었다. 한국전쟁을 통해 남한 내 군부를 중심으로 통치세력의 중심이 형성되었고, 이는 1961년 5월 박정희 군사반란의 물적인 토대를 제공했다.

한국 현대사에 등장한 반역사적 토대가 정치권력의 중심을 형성하고 그 중심은 정경유착에 의해 재벌 중심의 경제구조를 만들어 위기를 심화시키고 있다. 오늘날 10대 기업을 비롯한 재벌 대부분은 일제의 적산 분배 과정에 참여해 본원적 축적을 했거나 박정희 파시즘에 기생한 카르텔에 불과하다. 이들은 생산과 분배에서 일방적인 이득을 취하고도 그 이익을 공동체에 환원하기는커녕 부의 세습을 위해 조세 도피[1]는 물론 골목 상권마저 초토화시키고 있다.

한국 사회의 위기는 지속적으로 역사적 자산인 오래된 미래[2]를 파괴하고 우리 공동체의 정체성을 송두리째 사라지게 하는 부정적인 측면으로 작용하고 있다.

물론 역사의 반동적인 흐름 속에서도 우리 사회는 위기의 원인을 제거하고 새로운 사회를 건설하기 위한 대중의 자발적인 운동도 거세게 일어났다. 이를테면 한국 사회는 자발적인 오랜 민주화운동을 통해 미래를 복원하고 지금도 공동체 발전의 원동력이 되고 있다. 현대사에 나타난 민주화운동의 결과, 우리 사회는 세계가 주목할 만한 민주주의적 전진을 이루고, 1987년 민주체제를 만드는 데 성공했다.

이런 측면에서 일제강점기부터 1987년 6월 항쟁까지 한국의 현대사는 독립과 민주화운동의 역사다. 국민은 1980년 광주항쟁으로부터 1987년 6월 항쟁까지 독재에 저항해 이름뿐이었던 민주와 공화

---

1 영국의 비정부기구(NGO) 조세정의 네트워크가 2012년 7월 공개한 자료에 따르면, 한국은 개발도상국 역외탈세 자금 규모 순위에서 중국, 러시아에 이어 3위를 차지하고 있다. 액수로는 무려 7,790억 달러(약 880조 원)에 이른다. 1위 중국은 1조 1,890억 달러, 2위 러시아는 7,980억 달러로 추정되고 있다.

2 '오래된 미래'는 오래전부터 가치가 있었고 미래에도 유용할 것이라는 뜻으로 헬레나 노르베리 호지 여사가 쓴 책에서 가져온 말이다. 티베트 라다크 문화에서 인간의 지혜를 찾고 세계화의 성찰을 담고 있다.

를 실제로 쟁취했다. 1919년 임시정부가 민주공화국제를 선언한 이후 지난한 독립운동 과정과 민주화 투쟁이 하나의 애국전선을 형성해 국민적 투쟁과 합의를 통해 얻은 결과로 1987년 체제인 제6공화국이 탄생했다. 제6공화국의 헌법 제1조도 임시정부의 약헌 제1조와 같은 '대한민국은 민주공화국'이라고 선언하고 있다.

이런 헌법에 보장된 민주주의는 어느 진영이 누리고 독점하는 가치가 아니라 모든 국민이 생활 속에서 향유하는 전통이 된 것이다. 진보든 보수든 헌법적 가치인 민주주의에 기반해야 하고, 민주주의라는 몸통으로부터 진보적 가치나 보수적 가치가 공존할 수 있도록 합의한 것이다. 사상적 자유도 허용되었다. 정치적 결사체의 성격은 계급적 처지나 지역 기반에 따라 차이가 있을 수 있고, 진보와 보수 사이의 넓은 간격에도 불구하고 얼마든지 상호 가치가 인정되도록 설계되었다. 국가가 사상과 결사의 자유를 보장하도록 제도화한 것이다.

그러나 아직 아쉬운 점은 한국 사회 위기의 근원인 반공·반북 체제의 청산은 아직도 이뤄지지 않았다는 점이다. 1987년 체제에서 제6공화국 헌법의 개정 과정은 과거 일제 식민지와 독재 정부를 이끈 반동 세력[3]은 그들의 죄를 교묘하게 회피하도록 방치한 것이다. 그들은 6·29선언을 주도해 국민의 정치적 전선을 해체했고 민주화

---

[3] Action과 Reaction는 역사적 해석에서 자주 쓰이는 말이다. 앙시앙 레짐과 같이 구제도의 모순이 마치 새로운 가치인 양 사회를 지배하는 것을 Reaction, 즉 반동이라고 한다.

세력을 권력의 유혹으로 끌어들여 정치적 공생관계를 유지하게 되었다. 그뿐만 아니라 민주정부 10년 통치를 '잃어버린 10년'으로 비판하면서 과거 자신들의 통치방식을 보수의 역사로 평가하고 위장하더니 급기야 민주화세력을 좌파로 매도하면서 사회적 합의를 파기했다. 사실상 특권층이 만든 정당들이 집권한 정권은 반동통치 시대의 다른 이름에 불과했다.

우리 사회가 불안한 두 번째 이유는 사회적 불안정성에 있다. 사회적 불안정성의 직접적인 원인은 정치경제적 지배 세력이 권력과 부를 독점하여 민주주의를 위협하고 있다는 점이다. 특히 경제 권력에서 대중의 빈곤화는 사회의 불안정성을 가중시키고 있다. 대중은 금융 부채에 포로가 되어 생의 대부분 동안 금융 노예로 전락하였다. 청년 일자리가 없어 파산 국가가 되어버린 그리스, 스페인처럼 청년의 미래가 보장되지 않는 높은 실업률이 어두운 그림자를 드리우고 있다.

재벌들의 경제 독점은 1퍼센트의 국가와 1퍼센트 국민의 행복이 국가 전체의 행복인 것처럼 포장되어 있어, 이를 개선하지 않고서는 국가의 미래 전망도 밝지 않는 것이 사실이다.

우리 사회가 이런 정치경제적 구조의 취약성으로 인해, 정부는 물론 집단과 집단, 사람과 사람 사이에 신뢰가 사라지고 있다는 점이 우리 사회의 위기를 심화시킨다. 수구적 지배세력이 민주나 통일을 위해 일하는 사람들을 빨갱이 혹은 종북이라 호명하면 언론은 반사회적 분위기로 확산시키고 공동체는 삽시간에 반북적 공포 분위기가 조성된다. 일부 종편과 일베는 마녀사냥에 나서고 공안기관은 국가안정이란 이름으로 사회적 격리를 합법화한다.

하나의 예로 교육개혁을 주도한 2014년 6월에는 전교조의 합법적인 지위를 박탈하고, 그해 12월에는 국회에 진출한 합법적 정당인 통합진보당을 해산한 일들이 벌어졌다. 2010년 4월에는 미스터리한 천안함 사건이 발생했고, 2014년 4월에는 일어나서는 안 될 세월호 사건이 있었다.

2015년 10월 박근혜 정부가 국사 교과서의 국정화를 선언한 것은 독재에 저항해서 만들어진 사회적 합의인 민주적 체제를 근본적으로 부인하고, 독재자 박정희를 우상화하겠다고 국민에게 선전포고한 것이었다. 심지어 구미시에서는 박정희를 반신반인으로 신격화하는 사업이 국민의 세금으로 이뤄졌다.

한국 사회의 정치경제적 구조는 특권과 차별을 낳고, 사회적 갈등의 근원이 되고 있으며, 프랜시스 후쿠야마가 지적하는 저신뢰국가 공동체가 지속되고 있는 것이다.

교육은 마땅히 한국 사회의 반역사성과 왜곡된 경제구조에 대한 비판에서 시작되어야 하고 교육은 한국 사회의 미래를 책임질 주체들에게 사회개혁의 철학적 무기를 제공해 위기에 대한 근원적 극복이 가능하도록 도와줘야 할 사명이 있다.

2016년 10월 25일, JTBC 손석희 사장이 진행한 뉴스 룸에서 박근혜 정부의 무능하고 부패한 실체가 구체적 증거로 폭로되었다. 국민들은 하야운동을 시작했고, 2016년 12월 9일 국회는 박근혜 대통령을 단핵 의결시켰다.

　우리 사회는 이러한 역사적 바탕 위에 교육이 자리한다. 물론 그 중심에 교육정책과 집행을 담당하는 국가기관이나 행정관료가 포진해 있다.

　사회 위기의 근본을 해결하기 위해서는 갈등의 역사적 뿌리를 찾아서 청산하고 사회적 신뢰를 쌓아야 한다. 이는 교육이 담당해야 할 몫이다.

정치 교육은 사회적 역량을 강화한다

1987년 6월 항쟁 결과 제6공화국이 만들어졌다. 우리는 이것을 87년 체제라 불렀고, 이 체제에서 민주주의가 꽃피고 정의가 실현될 것으로 믿었다.

　그러나 민주주의체제 속에서 노태우, 김영삼 정부는 과거 특권층을 대변했고 김대중, 노무현 정부도 사회경제적 권력을 바꾸는 데는 실패했다.

　이명박, 박근혜 정부는 87년 체제가 요청하는 민주주의에 대해 너무나 많은 것을 훼손시켰다. 인권과 평화가 후퇴했고, 대중의 빈곤화가 진행되고 있다. 민주주의가 무너져버린 현실 속에서 역사적 반동현상을 초래한 원인을 보면 이 정부를 선택한 국민의 정치인식의 한계라는 것도 있지만 국민들이 선택할 수밖에 없었던 이유가 분명히 있었다.

그 선택이 김대중, 노무현 정부 10년 집권에서 비롯된 것이라 할 수 있는 요소들이 있다. 하나의 예로 남북 분단을 극복할 통일정책을 들어보자. 물론 두 정부가 민주주의의 성장과 남북평화의 발전에 크게 기여했다는 평가에 옹색해서는 안 된다. 김대중 국민의 정부는 2000년 분단 이후 북한과 첫 정상회담을 통해 한반도 평화와 교류의 새 장을 열었다.

그렇지만 노무현 정부는 임기를 개시하자마자 김대중 정부의 성과라 할 수 있는 대북정책에 난관을 조성했다. 노무현 정부의 대북송금에 대한 특검은 4년 동안 대북정책의 공백이 생기게 했다.

분단국가의 경험이 있는 독일과 비교하면 반성해야 할 점이 더 뚜렷하다. 독일이 분단을 극복하고 번영할 수 있었던 것은 철학적 사유에 근거했기 때문이다. 그 철학적 사유가 교육을 통해 실현되었다는 점에서 우리와 다르다. 독일은 분단의 원인이 나치에 있으나 나치를 비판하기에 앞서 나치를 초래한 계몽주의에 대한 철학적 성찰이 있었다. 바이마르 공화국의 국정좌표를 설계한 바탕에는 계몽주의가 있었는데, 계몽주의의 철학적 배경이 이성에 대한 숭배나 전체주의적 사고가 되어 결국 나치를 불러왔다는 반성이었다.

독일과 비교해 김대중, 노무현 민주정부 10년에 대한 반성을 정리하면 다음과 같다.

첫째, 두 민주정부는 민주화세력을 집권세력의 중심으로 만들지 못했다.

국민의 정부는 IMF라는 국가 부도사태를 극복해야 하는 국정과 제와 DJP 연합정권의 한계가 있었다. 국민의 정부를 평가하는 학자들은 재벌과 전문 관료가 국정의 중심에 서서 위기를 수습할 수밖에 없었다는 현실적인 논리를 인정하지만, 민주화세력을 홀대해 국민 대중과 분리시켰다는 점에서 비판을 받기도 한다. 정부 교체의 결실로 민주화세력 가운데 일부는 개별적으로 정부에서 역할을 했지만 사회경제적 권력 교체에는 실패했다는 점에서 더욱 그렇다. 민주화세력 출신의 몇몇 정치지망생들은 제도권 진출에 성공했지만 많은 운동가가 역사적 헌신과 평가와 달리 생활고에 시달렸다. 김대중 정부는 민주주의 운동가들에 대해 부채의식을 가지고 있었겠지만 민주화 공로에 대한 보상으로 상을 줄지언정 권력이 있는 자리는 관료들과 전문가 집단이 차지해야 한다고 믿었던 것으로 보인다.

국민의 정부에서 민주화세력이 세력으로서 구심력을 잃자 참여정부는 한발 더 나갔다. 정부에 좀 더 많은 민주화세력이 개별적으로 참여한 것은 사실이지만, 그것은 대통령을 만들었던 공로자들에게 주는 상으로 비쳤다. 2004년 4월 총선은 열린우리당의 열풍으로 귀결되었지만 민주화세력은 화산처럼 분화하고 말았다. 권력의 권위를 국민에게 돌리고 국민과의 소통에는 성공했지만 재벌 경제의 강화나 부동산 폭등과 빈민의 폭발적 증가로 2007년 대선에서 국민들은 민주정부에 가장 적은 표를 주어 민주정부를 심판했다.

민주당과 국민의당에 소속된 국회의원과 당료들은 민주화의 역사를 계승한다고 선전하지만, 10년의 민주정부를 거치면서 민주화

전선에 남아 있는 주체 세력과 국민은 없고 오직 상층부의 권력투쟁만이 남아 있다. 정치가 대중에게 쇼로 전락한 것이 현실이다.

둘째, 민주정부 10년 동안 신자유주의가 확대되어 민족의 전통적인 유산인 공동체가 급속히 해체되었다는 비판에서 자유로울 수 없다.

국민의 정부는 선택하지 않을 수 없는 신자유주의에 대항해 사회 안전망을 확충하고, 사회적 합의기구인 노사정위원회를 통해 재벌을 견제하고 경제 탄력성을 유지하려는 정책을 수립했지만 실업과 파산으로 중산층이 붕괴되고 부의 불평등이 심화되기 시작했다. 또한 정보통신을 기반으로 벤처 붐을 일으켜 지식산업을 육성했지만 산업 구조를 근본적으로 바꾸지 못한 채 경제발전의 이익과 기회는 재벌의 경쟁력을 강화하는 데 그쳤다.

참여정부의 경제정책은 더 말할 나위가 없을 정도로 삼성과 같은 재벌편향정책으로 전향했다. 흔히 좌측 깜빡이를 넣고 우측으로 가는 경제정책이었다. 국민들은 참여정부에 많은 기대와 희망을 걸었지만 신자유주의를 확대시켜 돌이킬 수 없는 빈부의 격차를 만들었다.

참여정부는 한발 더 나아가 미국과의 FTA를 비롯한 신자유무역을 체결해 초국적 기업들이 국가가 해야 하는 영역을 침범할 수 있도록 허용하고 말았다. 노무현 대통령은 한 인터뷰에서 "권력은 시장으로 넘어갔다"고 고백했다. 이러한 참여정부의 체념에 기반한 재벌들의 약탈적 시장권력은 형식적으로는 국가 성장이라는 이름으로 자신들의 경제적 경쟁력을 강화시켜 나갈 수 있었지만 본질적으로 사회 위기를 극복하는 데에 이르지 않았다.

신자유주의 폐해가 교육을 망치고 있다

세계화가 가져온 과학기술의 진보와 물질적 풍요는 전 지구가 하나로 가까워졌다는 의미와 더 이상 어느 특정 공동체나 국가가 자신만의 영역에서 자신만의 것들을 보호할 수 없다는 것을 명백하게 했다. 세계가 연결되어 있다는 뜻의 기상현상인 나비효과[4]와 같은 사회현상이 모든 영역에서 전 지구적으로 더욱 긴밀하고 빠르게 나타나고 났다.

엄청나게 성장한 국제 교류는 인간과 인간이 언제 어디서든지 마음만 먹으면 돈을 벌기 위해 혹은 상이한 문화권 사이의 상호 이해를 증진시킬 수 있다. 인터넷과 같은 네트워크는 평화와 협력의 수단으로 얼마든지 이용할 수 있으며 아이패드 혁명으로 불리는 스마트폰은 인간의 손안에서 세계와 연결될 수 있다는 점에서 중요한 세계화의 긍정적인 요소이다. 그러나 세계화의 부수적인 피해 또한 부인할 수 없다. 인류는 과거에 비해 자본시장에 예속되어 일생을 자본의 수탈 대상으로 전락할 가능성에 훨씬 많이 노출되어 있고, 인간의 얼굴이 숨어버린 승자독식 경쟁이 선으로 둔갑한 신자유주의 이념은 인간의 삶에 인간의 무수한 상처를 남기고 있다.

신자유주의의 피해 사례는 비단 경제적인 측면만이 아니다. 2005년

---

4 브라질에 있는 나비가 날갯짓을 하면 미국 텍사스에서 토네이도가 일어날 수도 있다는 과학 이론이다. 미국의 기상학자 에드워드 로렌츠(Edward Lorentz)가 1961년 기상관측 도중에 생각해낸 원리이다. 훗날 카오스 이론의 토대가 되었다.

미국 뉴올리언스를 강타한 카트리나는 많은 피해를 입혔다. 이는 자연재해처럼 보이지만 세계화 과정에서 일어난 일이었다. 세계화를 주도한 신자유주의의 이념은 정부로 하여금 편익계산과 상품화, 그리고 경쟁논리에 예속되도록 하여 사회안전과 인간의 평화를 위협한다.

2008년은 신자유주의를 기반으로 한 자본주의가 더 이상 수명을 연장할 수 없다는 비극적 상황이 미국에서 금융위기로 나타난다. 2013년 프랑스 경제학자 피케티는 『21세기 자본』에서 "자본에서 얻는 이익이 노동에서 얻는 이익보다 많고 빠르다"는 것을 증명하여 이미 세계가 불평등한 사회가 되고 있다는 이론을 발표하였다.

시리아에서 현재 진행되고 있는 전쟁도 세계화에 따른 부수적인 현상이다. 이 전쟁은 시리아 내전[5]으로 보도되고 있는데, 사실은 미국과 러시아 등 여러 나라가 개입된 세계전쟁 성격을 띠고 있다. 일본 후쿠시마 핵발전소 사태와 같은 핵 재앙은 아직도 제어되지 못한 채 지속적으로 인간을 위협하고 있다.

세계화는 유럽을 유로 공동체로 묶어세우는 데 성공했지만 그리스와 스페인에는 재앙적인 실업과 국가부도를 초래했고, 2016년 영국은 국민투표를 통해 EU를 탈퇴하기로 했다.

세계화에 대한 부작용이 광범위하게 현재형으로 진행되는 지금

---

5 2011년 4월부터 바샤르 알아사드 정부를 축출하려는 반군과 정부군 사이에 현재 진행 중인 내전으로 중동에서 일어난 아랍의 봄의 연장선에 있다.

도 세계화를 기회로 여기고 세계시장을 상대로 독점적 이윤을 챙기는 금융자본과 초국적 기업들은 모든 국가의 국경을 넘고 있다. 많은 국가에서 국가운영의 주체인 관료와 정치가들은 신자유주의적 경쟁정책이야말로 경제를 성장시킬 수 있는 유일한 길이라고 선전하고 있다.

자본가들과 권력자들은 세계화의 신화와 허상을 구조화하기 위해 많은 미디어와 교육제도를 활용하고 있다.

그럼에도 불구하고 많은 지성인은 불평등이 이미 인류가 인내하기 어려운 지점에 와 있다고 생각한다. 세계화는 1퍼센트 기득권 세력에게 막대한 이익을 안겨주고 있지만, 그 반대편 99퍼센트 인류에게는 부수적 피해가 감당할 수 없는 지경에 이르고 있다고 판단하고 있다.

바우만[6]은 불평등이 가속화되면서 한 세대 전체가 낙오자 대열에 휩쓸리는 세계적 위기를 목격하고 자본가와 권력자들이 양산하는 쾌락적 미디어에 열광해 쾌락을 소비하는 사회를 극복하기 위해 인류적 차원에서 교육에 대한 성찰이 필요하다고 주장한다.

---

6 지그문트 바우만(Zygmunt Bauman, 1925~)이 「소비사회와 교육」에서 지적했다. 탈근대의 조건을 모호성, 불확실성, 상대성으로 진단한 폴란드 출신 사회학자다.

세계화는 신자유주의와 동전의 양면이다

오늘날 교육의 위기는 세계화에 적응하지도, 대응하지도 못하고 있다는 점이다. 세계경제는 성장동력을 잃어버린 지 오래되었고, 청년들을 고용할 수 없어 대학을 졸업하더라도 일자리를 가질 수 없는 상황이 된 것이다.

대학이라는 고등교육의 필요성은 사회 진출의 마지막 관문으로, 사회적 지위가 보장되고 결혼과 자녀의 교육에도 여유로운 삶이 보장된다는 것이었다. 그러나 신자유주의 경제가 지구를 휩쓸고 나자 교육은 인간의 삶을 보장하는 수단이 되기보다는 자본주의의 희생물로 전락하고 있다는 것이 드러나고 있다. 대학뿐만 아니라 초중교육과정도 자본주의의 희생물이다. 인성과 교양 학습을 중시해야 하는 교육 과정은 경쟁을 기반으로 구성되어 있고 중앙 정부는 지방 교육청에서 창의적인 과정을 편성하려는 움직임을 통제 조정하고 있다.

더욱 심각한 것은 교육기관이 세계화에 대한 세계구조의 변화에 대응한 교육 패러다임을 개발하지 못하고 있다는 점이다. 국가와 교섭을 통해 생물학적 연령을 초과하지 않도록 사회 진출에 대한 활로를 열어주고, 과학과 기술의 변화와 발전을 예측해 새로운 성장 동력 기지를 구축해야 함에도 대학이 돈벌이에 집착할 수밖에 없는 뉴 노멀[7] 시대의 가운데 들어서 교육의 위기가 가속되고 있다.

미래 사회를 이끌 청년세대에게 우정 없는 경쟁에서 승리해 부와 직업을 가지라는 교육 패러다임은 매우 잘못된 것이다. 2011년 스위스 다보스 포럼에서 2008년 미국의 금융위기를 기점으로 자본주의 생명이 다했다고 선포했음에도 마지막까지 기울어진 경기장에서 승리자를 가리려는 교육 시스템이 강요되는 것은 비극이다. 자본주의를 위협하는 존재는 이상 공산주의도 파시즘도 아니다. 자본주의가 인간에 의한 인간의 지배와 약탈이라는 본질을 드러내면서 신뢰를 잃고 무너지고 있을 뿐이다.

교육부는 대학 취업률을 대학 평가의 중요 지표 중 하나로 선정하고 여러 재정 지원과 연계하고 있지만 이미 성장동력을 잃어버린 경제구조를 개선하지 않고서는 해결될 수 없는 상황이 되었다.

세계화는 신자유주의와 동전의 양면이다. 세계화의 폐해에 대한 새로운 기록은 사회 진출을 기다리는 대학생들에게 절망을 안겨주고 있다. 2015년 2월 연세대 졸업식 무렵 백양로에 "연대 나오면 뭐하나 백수인데"라는 이색적인 현수막이 등장해 눈길을 끌었다.

취업률만 문제가 있는 것은 아니다. 취업하고서도 낮아진 수입 때문에 청년들은 당장 취업하는 것보다 대학에 남아 취업 재수나 삼수를 해 공무원 준비나 대기업에 가기 위해 노량진 학원을 전전해야 한다.

청소년들이 자신의 미래에 대한 길을 알아볼 수 없거나 사회에 대

---

7 시대 변화에 따라 새롭게 떠오르는 기준으로 현대는 예측 불가능한 사회가 지속되는 현상이라고도 할 수 있음.

한 비판 기능을 상실한 교육은 교육의 본질에 대한 개혁을 요구하고 있다. 2010년 7월 20일 고등학생 민다영 양이 '입시에 초점이 맞춰진 고등학교에서 입시를 포기하면 학교에 다닐 이유가 없다'라며 고등학교를 자퇴한 사건이 발생하기도 했다.

외국 명문대를 졸업한 엘리트들도 취업난에 시달리기는 마찬가지다. 2010년 하버드대 졸업생 중 졸업과 함께 직장을 구한 사람은 33퍼센트로, 2008년 51퍼센트에 비해 크게 줄었다. 하버드대 취업상담실에서 실시한 취업 행사에는 이틀 만에 1천 명의 학생이 모여들기도 했다. 로빈 마운트 상담실장은 "이제까지 하버드대에서 개최한 취업 행사에 이렇게 많은 학생이 응모한 것은 처음"이라고 말했다. 기업들이 가장 선호한다는 경영학 전공자 역시 어려움을 겪고 있다. 거의 90퍼센트 취업이 보장되던 하버드 로스쿨 졸업생들의 취업률도 2014년 55퍼센트에 머물고 있다.

구글에 소개된 한 미국 대학 졸업생의 사연은 세계화로 인한 교육의 피해를 잘 설명해준다.

2012년에 로스쿨을 졸업한 코트니 로빈슨(27·여)은 몇몇 인턴 자리를 전전한 끝에 '프레디맥(Freddie Mac)'이라는 국책금융회사에 취업하는 데 성공했다. 그녀가 맡은 자리는 변호사 자격증이 굳이 필요 없는 '법률분석가'였다. 그나마 안정적인 일자리를 따낸 것에 안도한 로빈슨은 비로소 학자금상환 계획을 짰다. 하지만 로스쿨을 졸업하느라 빌린 학자금 15만 달러(약 1억 6,252만 원)의 원리금을 20년간 갚는 조건으로 매달 일정액을 월급 3천 달러에서 떼고 나니 수중에 겨우 400달러가 남았다.

세계화에 따른 피해가 이럴진대, 인류는 지금도 피해를 막을 대책은 없다. 오바마를 대신한 트럼프의 미국 우선주의나 보호무역주의가 등장한다 하더라도 당분간 세계화의 피해는 계속 될 것이다.

세계화에 따라 새로운 문명도 과거의 교육체제를 위협하고 있다. 가장 큰 위협은 인공지능을 비롯한 제4차 산업혁명이 도래함으로써 가시화되고 있다. 제4차 산업혁명은 더 이상 인류를 위한 일자리가 없다는 것이다. 고도의 지적 능력이 요구되는 직업일수록 인류는 인공지능을 비롯한 기계에 밀려날 것이다.

교육개혁에 국가의 운명을 걸어야 한다

세계화와 신자유주의는 지구촌의 운명을 이끌고 있는 서로 뗄 수 없는 축이다. 우리 사회도 이 두 개의 축이 이끌고 있고, 두 개의 축을 이해하고 대안을 모색하는 것이 미래 사회에 대한 과학적인 설계라고 할 수 있다.

교육개혁 또한 세계화에 대한 거스를 수 없는 파고를 넘고, 신자유주의를 극복하는 것으로서, 교육개혁을 통해 전 지구적 위기와 우리 사회 내지 국가의 위기를 인식하고, 평화로운 세계체제와 지역적 삶의 공동체에 순조롭게 참여하는 것을 목적으로 한다.

그러므로 교육개혁은 한 순간도 늦춰서는 안 되는 중대하고 선행적인 사회문제로 등장하고 있다. 교육개혁을 위해서는 공동체 구성원들이 교육을 사회의 가장 중요한 초석으로 여기고 교육개혁을 지속적으로 진행할 수 있도록 참여하는 사회적 환경을 만들어야 하는 것이다.

사회는 공동체 일원이 되는 모두가 참여해 교육에 대한 개혁 목표와 구체적인 방안을 가지고 지속적으로 사회적 토론과 합의 과정을 조직하고 운영해야 한다. 토론과 과정이 멈추는 것은 공동체에 위기가 오고 있음을 말하는 것이다.

물론 교육만 개혁한다고 사회가 올바르게 변하는 것은 아니다. 교육은 사회발전을 해석하고 이해관계자들의 의식을 반영해야 하기 때문에 역사적 이해와 문화적 통합이라는 연관을 통해 사회적 합의를 추진해야 한다. 특히 21세기에 들어선 지금, 눈부신 기술혁명으로 예측할 수 없는 미래에 대한 낙관도 존재하지만, 동시에 인류가 직면하고 있는 기후변화나 핵기술의 진보가 인류를 파멸로 이끌 가능성도 있기 때문에 교육을 어떻게 할 것인가에 대해 사회적 합의를 도출하는 것이 더욱 중요해지고 있다.

많은 경제학자도 경제적 불평등과 아울러 교육에 대한 불평등으로 이어지고, 다시 경제적 불평등으로 이어지는 악무한적 순환이 구조화되고 있다고 지적한바, 사회구조의 변화를 촉진하는 시작점도 교육개혁이다.

교육개혁은 비단 한국 사회만의 과제가 아니다. 오바마 미국 대통령은 임기 초기에 교육개혁을 국가의 과제로 설정하고 부단하게 재정을 투자하면서 "미국의 어린이들은 매년 한국의 어린이들보다 학교에서 보내는 시간이 1개월이나 적다"며 "새로운 세기의 도전은 학교 교실에서 학생들이 더 많은 시간 공부할 것을 요구하며, 한국에서 그렇게 할 수 있다면 우리도 여기 미국에서 할 수 있다"고 말했다. 그러나 오바마의 교육개혁 노력에도 불구하고 현재까지 미국의 교육이 성공을 거두고 있다는 보도는 없다.

미국 교육이 교양 있는 국민을 양성하는 데는 실패했다 하더라도 그나마 세계의 인재를 모으는 초일류 대학들이 있다는 데서 위안을 찾을 수 있다. 세계는 변화와 성장을 위해 교육개혁을 국가의 중요한 과제로 이해해 추진하고 있다.

OECD 국가 중 비교적 잘사는 국가들의 교육개혁 중 약 29퍼센트는 학생들이 미래를 보다 잘 준비하도록 만드는 것을 목표로 하고 있다. 이를 달성하기 위해서 많은 국가가 직업교육 훈련의 질과 적절성을 개선하거나 기존 현장훈련과 견습제도의 확장에 중점을 두고 있다. 덴마크와 스웨덴이 대표적으로 직업교육 훈련 프로그램을 개혁했다.

또한 교육개혁의 효율적 수단으로 학업 성취도 진단 및 평가를 이용하는데, 교육개혁 정책의 약 14퍼센트가 이러한 교육평가의 개선을 목표로 하고 있다.

핀란드는 사회적 합의를 통해 교육개혁에 성공한 나라로 평가받고 있는데, 복잡하고 느린 과정을 거쳐 교양 있는 교육 강국이 되었다는 특징이 있다.

우리 사회에 내재된 모순을 해결하는 근본적인 방안도 교육개혁에 있다. 계급, 지역, 세대 간의 갈등과 분단을 둘러싼 이념 간의 격렬한 충돌을 완화하고 상호 대화와 민주적 숙의를 할 수 있는 사유의 토대를 구축하는 것은 국가의 운명을 변화시키는 중요한 일이다.

교육개혁은 철학에 대한 이해에 기초해야 한다

철학적 지혜는 마르크스의 영감처럼 세상을 해석하는 것이 아니라 세상을 바꾸는 것이다. 철학은 철학을 전공하는 사람들이 하는 것이 아니라, 사회가 안고 있는 본질을 꿰뚫어보고 최고선을 궁리해낼 수 있는 지혜를 가진 사람들이 하는 것이다.

인간이 선과 악, 건설과 파괴, 선행과 탐욕, 이타와 이기, 천사와 악마의 얼굴을 가진 야누스적 존재지만 사회를 만들어오는 과정에서 교육이라는 사회 합의적 가치를 통해 눈부신 문명을 창조했다. 이 과정에서 철학은 오랫동안 민주주의를 확장하고 심화시키기 위한 사회적 활동을 전개해왔고 교육개혁에 지혜를 제공해주었다. 교육개혁은 이러한 철학을 바탕으로 인류의 물음에 응답해 힘차게 세상을 변화시켜나가는 기반이 되었다.

오늘날 인류는 인공지능과 핵개발 같은 통제할 수 없는 기술문명과 마주하고 있다. 지구 전체가 안고 있는 기후 변화와 문명의 충돌을 체험하고 있다. 동시에 자본의 축복에 눈물겨워하는 1퍼센트의 인간이 있는가 하면 이들에 의해 부채와 노동으로 굶주린 많은 인류가 존재한다. 철학의 소명은 더 어려워질지도 모르는 지구 환경과 세계 근본과 관련된 질문에 대한 이해와 이를 해결할 방식을 밝히는 것이다.

나아가 철학은 이러한 철학적 성찰이 교육개혁을 통해 인류의 실천으로 드러나고, 마침내 인류의 염원인 세계평화가 이뤄지고 지구의 생태환경이 복원되도록 교육개혁에 대한 사회적 합의에 인류가 참여할 수 있게 격려해야 한다.

우리 사회는 중대한 전환기에 놓여 있다. 세계 유일의 분단국가에 대한 철학적 성찰로부터 제4차 산업혁명이라는 이미 현실로 다가온 과학기술 혁명시대에 적응하는 교육개혁에 대한 준비가 결국 우리가 해야 할 일이다.

특히 우리 시대의 교육개혁은 누가 또는 어느 한 곳에서 독점적으로 주도할 수 있는 것이 아니다. 모든 공동체 구성원이 참여하고 주도하는 플랫폼 방식의 틀에서 준비해야 한다. 플랫폼은 공개, 공유, 공익이라는 3대 원칙을 기본으로 실패의 부담을 최소화할 수 있는 장치이기도 하다. 이런 플랫폼을 이끌 문화나 러더십도 과거와 완전히 달라야 한다. 많은 사람이 참여와 토론을 도와주는 퍼실리테이터로서 문화적 기능이 강조되거나 플랫폼의 심부름꾼으로서 서번트 리더십이라야 적당하다 할 것이다.

철학은 새로움과 함께 도래할 두려움을 건강하게 해석하고 개인의 다양성이 골고루 발전해 건강한 사회를 담보할 수 있도록 사회 전체에 힘을 주는 것이다.

교육개혁에 있어 철학은 무엇보다 중요하다. 불평등과 양극화라는 세계적이고 사회적인 모순이 극대화되는 과정에서 철학은 대중이 교육개혁에 대한 주체로 나설 용기와 실천방안을 제시하는 역할을 한다. 대중은 철학적 사유를 통해 즉자적인 상태를 벗어나 대자적인 연대와 협력을 촉진하는 무기인 것이다.

사회적 합의를 제안한다

2017년 대한민국은 불안과 희망이 교차하고 있다. 대통령에 대한 탄핵이 진행되면서 국민들은 새로운 사회에 대한 희망도 있지만 새로운 사회가 도래한다고 과거의 고통이 끝날 것인가에 대한 불안이 동시에 존재한다.

2016년 10월 말 서울 광화문광장에 등장하기 시작한 시민들의 촛불시위는 해방 후 70년간 진행된 시민항쟁과는 많은 차이가 있다. 그동안 신문이나 방송에 발표된 촛불항쟁이 과거와 다른 다섯 가지 요소를 보면 다음과 같다.

첫째, 촛불항쟁에 참여하는 시민들이 조직화되어 있기보다는 자발적이라는 점이다.

물론 SNS나 정보매체를 이용하기는 하지만 시민들이 광장에서 직접민주주의를 구현하고 있는 것은 과거 모든 운동의 형식과 내용을 뛰어넘는 방식이다.

둘째, 촛불항쟁은 문화적으로 성숙한 운동이다.

광장에 모인 시민들이 촛불이라는 이벤트에 대해 겁을 내거나 무서워하지 않고 함께 어우러지고, 촛불로 파도를 타고, 남녀노소가 함께 공감하면서 싸우는 세계 유일의 시위문화를 만들고 있다.

셋째, 광장이 사회변화를 이끌고 있다.

사회의 변화를 염원하는 촛불을 들고 새로운 시대를 열어가는 민주주의를 축적하고 희망이 깨지지 않도록 조직하려는 시도가 등장하고 있다. 촛불은 우리 사회의 불안정성과 부조리를 청산해야 미래가 있다는 대중적 각성에 기초한 운동이다.

넷째, 촛불은 장기적 운동을 예고하고 있다.

과거 1960년 4월과 1987년 6월의 대중운동은 대규모 시민이 참여해 정치권력을 교체하고 새로운 공화국을 여는 데는 성공했지만, 우리가 원하는 사회구조를 근본적으로 바꾸지는 못했다. 그러나 촛불은 한국 사회의 근본적인 변화를 바라는 시민들의 각성이 점차 커져 장기적으로 진행될 가능성이 많아지고 있다.

다섯째, 사회적 합의를 위한 국민운동이다.

촛불이 염원하는 사회적 모순을 동시에 포괄적으로 해결하려는 혁명적 목표는 한 개인이나 집단이 쉽게 성취할 수 있는 것이 아니다. 이런 의미에서 촛불항쟁은 많은 사람의 합의를 통해 목표를 성취하는 국민운동으로 성장하고 있다.

촛불항쟁이 과거의 항쟁들과 다른 방향과 형태를 띠면서 교육개혁에 대한 성취도 촛불항쟁의 성공과 성취와 같은 길을 걸을 가능성이 높아졌다. 사회적 모순을 동시에 포괄적으로 해결하고 싶은 대중운동으로서 교육개혁도 이러한 해결 목표에 당연히 포함되는 것이 바람직하기 때문이다. 특히 교육개혁은 진보도 보수도 아닌 대중의 자발성에 기초해 사회의 중심세력을 만드는 작업이다. 사회적 합의는 교육에 대한 철학적 성찰로부터 시작하고, 성찰에 동의하는 사람들의 자발성이 있어야 가능하다는 점에서는 기회이기도 하다.

한국은 교육에 대해 엄청난 갈등과 비용이 수반되는 교육 저신뢰 국가이다. 물론 교육개혁에 대한 철학적 성찰이 교육부를 폐지하고 정치경제 권력에서 독립된 교육위원회 설치와 같이 세밀하게 바뀌어야 할 부분도 있지만, 보다 중요한 것은 보다 많은 사람과 이해관계자가 참여하는 사회적 합의기구를 수립하고 끊임없이 교육에 대한 사회적 합의를 쟁취해내는 것이라 하겠다.

사회적 합의를 시작할 수 있는 적기는 바로 지금이다. 교양 있는 책임국가로 전환될 수 있는 이 기회에 사회적 합의를 시작하자.